In 1923, in the Estonian village of Torma, a statue of a kneeling warrior was put up to confront the East. When the East came a few years later, the statue was turned to face the West, who then came and turned him around, followed by the East, once more, who made him face the West, before blowing him to pieces. In Estonia, monuments dance.

Monuments represent power; explicitly and simply, but not universally. In Estonia the classical notion of a monument appears as a foreign intruder. Its presence is marginal, its tradition non-existent and its form tormented by an apparent cultural displacement. The statue on the square never claimed the central position we know from Western Europe. Those few monuments standing on the periphery's moving grounds only exemplify this cultural specificity of non-monumentality.

This semantic void directs attention to other, less exceptional architectures. Sometimes a set of stairs marks a common agency, sometimes a pavement becomes symbolic or a walkway historic. Instead of *explicit* meanings inscribed in marble and bronze, *implicit* political charge can be revealed. If those meanings are weaker, then they are only more relevant, for what is only implicit cannot be openly questioned.

The project explores the spectrum between the explicit representation of the monument and the implicit politics of everyday architectures: from the triumphal column to the pavement beneath, through all that lies inbetween. Where does the monument end and the pavement begin?

1923. aastal püstitati Tormas põlvitav Kalevipoja kuju, mis seisis silmitsi idaga. Kui idast võim üle võeti, pöörati kangelane näoga läände. Seejärel saabus võim läänest ja pööras selle taas ümber. Järgnes uus sissetung idast, kuju pöörati veel kord läänega vastamisi ning lasti siis õhku. Eestis monumendid tantsivad.

Monumendid esindavad võimu; selgesõnaliselt ja lihtsalt, kuid mitte kõikehaaravalt. Eesti kontekstis näib traditsiooniline monument pigem välismaise sissetungijana. Selle kohalolu on marginaalne, traditsioon olematu ning vorm moonutatud ilmsest kultuurilisest nihkest. Väljakul asuv kuju ei ole siin omandanud Lääne-Euroopast tuttavat kesket positsiooni. Need vähesed monumendid, mis ääremaa rahutul pinnal seisavad, ainult näitlikustavad siinset mitte-monumentaalsuse kultuuri.

See semantiline tühjus suunab pilgu teistele, vähem erandlikele arhitektuurivormidele. Mõnikord märgib ühiseid püüdlusi trepistik, teinekord saab sümboolseks sillutis või ajalooliseks kõnnitee. Selle asemel et otsida *sõnaselgeid* tähendusi tahutuna marmorisse ja valatuna pronksi, võib *varjatult* poliitiline laetus peituda mujal. Kui need tähendused on nõrgad, siis on nad seda asjakohasemad, sest mis on varjatud, ei saa olla avalikult küsimuse all.

"Nõrga monumendi" projekt uurib spektrit esindusliku monumendi ja igapäevase arhitektuuri vahel: alates võidusambast kuni seda kandva sillutiseni, läbi kõige, mis jääb nende vahele. Kust lõpeb monument ning algab tänavakivi?

First Published in 2018 as the catalogue
of Pavilion of Estonia at the
16th International Architecture Exhibition—
La Biennale di Venezia

© Weak Monument and authors, 2018
© Park Books, Zürich, 2018

Edited by
Tadeáš Říha, Laura Linsi, Roland Reemaa

Translated by
Martin Rünk, Mari Volens,
Kristopher Rikken, Tuuli Tsahkna

Research and Illustration Assistants
Sandra Mälk, Pavel Bouše, Marcus Botha

Copyediting
Karin Kastehein, Taimi Vill, Sandra Mälk

Graphic Design
Stuudio Stuudio

Printed by
Tallinn Book Printers (Estonia)

ISBN 978-3-03860-115-9

Published by
Park Books
Niederdorfstrasse 54
8001 Zürich
Switzerland
www.park-books.com

Park Books is being supported by the Federal Office of Culture with a general subsidy for the years 2016–2020.

All rights reserved; no part of this publication may be reproduced, stored in a retrieval system or transmitted in any form or by any means, electronic, mechanical, photocopying, recording, or otherwise, without the prior written consent of the publisher.

The Editors of Weak Monument have made their best effort to contact the copyright holders of the images used. If you claim ownership of any of the images and have not been properly identified, please contact us.

Special thanks for guidance,
critique and advice to
Tom Avermaete, Eik Hermann,
Mark Pimlott, Margrethe Troensegaard,
Klaus Platzgummer, Charlotte Grace,
Ian Henderson, James Baggaley,
Liina Linsi, Jorge Mejia Hernandez,
Johan Tali, Aga Batkiewicz

Published with the support of
Estonian Centre of Architecture
Cultural Endowment of Estonia
Estonian Ministry of Culture
Estonia's centenary programme Estonia 100
Ruukki

Essays

1   Editors' Introduction

5   Minister of Culture's Foreword
Indrek Saar

7   Weak Monument: Architectures Beyond the Plinth
Tadeáš Říha, Roland Reemaa, Laura Linsi

25   Towards Another Rhetoric:
Or the Importance of Thinking the Weak Monument
Tom Avermaete

39   A Hand and a Name: Or The Problem with Monuments
Margrethe Troensegaard

55   Kerbstones and Other Monuments
Interview with Toomas Paaver

67   Between Monument and Riddle: Weakness and Estonia
Eik Hermann

89   Images and Keywords:
An Introduction to the Collection of Weak Monuments
Klaus Platzgummer

Catalogue

R00 ... R08   The Ruin
G01 ... G08   The Gap
Sc01 .. Sc07   Scaffolding
B01 ... B08   The Base
S01 ... S08   The Shelter

Esseed

1   Koostajate sissejuhatus

5   Kultuuriministri eessõna
Indrek Saar

7   Nõrk monument:
Pjedestaalialused arhitektuurid
Tadeáš Říha, Roland Reemaa, Laura Linsi

25   Uue retoorika poole ehk nõrgale monumendile mõtlemise tähtsusest
Tom Avermaete

39   Käsi ja nimi ehk probleem monumentidega
Margrethe Troensegaard

55   Äärekivi ja muud monumendid
Intervjuu Toomas Paaveriga

67   Monumendi ja mõistatuse vahel: nõrkus ja Eesti
Eik Hermann

89   Pildid ja märksõnad.
Sissejuhatus nõrkade monumentide kollektsioonile
Klaus Platzgummer

Kataloog

R00 ... R08   Vare
G01 ... G08   Tühimik
Sc01   Sc07   Tellingud
B01 ... B08   Alus
S01 ... S08   Peavari

Culture gives small nations a voice in the world, a way of participating in the dialogue on important topics. The ability to see and think in unique ways allows Estonians' contribution to be valued and understood. The world meets in Venice to let differences shine and distill in one place thoughts that are ordinarily mulled over in far-flung places around the world. Estonia has had the opportunity to be present at the 16th International Architecture Exhibition—La Biennale di Venezia since the year 2000. This year's entry is all the more significant for us as it is Estonia's national centenary year.

Estonia offers appropriate grounds for raising the topic of monuments and the varying interpretations accorded to them—our history is full of changing narratives and continuing re-narrations. I believe it is important to take note of the fresh approaches to getting by in a world shaped by alternative truths, where stability can vanish into thin air and where a new force can arise seemingly from out of nowhere. We are used to looking for strength in weakness, greatness in smallness and opportunities in problems.

I am glad that we can participate in the intellectual exchange between architects and take part in this international conversation. My thanks go to the curators and the Estonian Centre of Architecture.

Indrek Saar
Minister of Culture

Kultuur annab väikesele rahvale võimaluse maailmas olulistel teemadel kaasarääkimiseks. Oskus omamoodi näha ja mõelda ning tegutseda laseb eestlastel olla hinnatud ja mõistetud. Veneetsiasse tullakse kokku, et lasta erinevustel särada ja tihedas keskkonnas aduda mõtteid, mida muidu mõeldakse üle maailma erinevates paikades. Eesti on saanud oma väljapanekuga Veneetsia Arhitektuuribiennaalil esineda alates 2000. aastast. Tänavune osalemine on meile seda olulisem, sest tähistame juubeliaastat—Eesti Vabariik sai 100-aastaseks.

Monumentide ja nende tähenduse mitmevalentsuse teema tõstatamiseks on Eesti kohane paik—meie lugu on täis muutuvaid narratiive ja nende jätkuvat ringijutustamist. Pean oluliseks märgata värskeid viise, kuidas tulla toime maailmas, mida kujundavad alternatiivsed tõed, kus stabiilsus võib haihtuda õhku ja kus uus jõud võib sündida pealtnäha tühjalt kohalt. Me oleme harjunud otsima nõrkuses tugevust, väiksuses suurust ja probleemis võimalust.

Olen rõõmus, et saame kaasa mõelda oma arhitektide mõttearendusele ja selle kaudu osaleda rahvusvahelises vestluses. Tänan kuraatoreid ja Eesti Arhitektuurikeskust.

Indrek Saar
Kultuuriminister

Weak Monument
Architectures Beyond the Plinth

Tadeáš Říha, Roland Reemaa, Laura Linsi

Nõrk monument
Pjedestaalialused arhitektuurid

Tadeáš Říha, Roland Reemaa, Laura Linsi

Simple awkward monument:
a monument to the Estonian
War of Independence in Rõuge.
Still from the film "Monument"
(Estonia 2009).

Lihtsad kohmakad monumendid:
Eesti Vabadussõja mälestussammas
Rõuges. Kaader filmist "Monument"
(Eesti 2009).

© Freya Film, 2009 / ERR

Simple Awkward Monuments

Where does architecture become political? How does power represent itself in the built environment? Does any such capacity reside in its form and materiality? A courthouse or a park, a fence, bridge or housing complex are all self-evident political markers for large groups of people, but this feature is tempered by a complex set of other, practical purposes. Unlike any of these examples, the monument is *explicitly* political and *solely* representational. So if architecture has always represented the interests of those in power, what sets the monument apart is that it does so in a simple way.

This classical concept, however, is not universal. The notion of the traditional monument appears as a foreign intruder in the Estonian context. Its presence is marginal, its tradition non-existent and its form tormented by an apparent cultural displacement. Under-scaled, skewed and moved around, half-demolished, and neglected, monuments stand in their oblivious surroundings as uncanny souvenirs brought from distant lands. In Estonia, the statue on the square never claimed the central position we know from Western Europe.[1] No triumphal axes were framed by arches, colonnades and obelisks. No centrality was marked among the shifting frontiers. This semantic void directs attention to other, less exceptional architectures. Instead of meanings inscribed in marble and bronze, implicit charge can be identified elsewhere.

Lately, monuments have been seen in illicit contexts worldwide. The Estonian cultural specificity has been increasingly in accord with wider distrust of the monument as a device of oppressive authority. Its very definition, that of a commemorating object, has become more and more problematic. Commemorating what? For whom? On whose authority? For how long? In a time when revolutions are organised via social media, also a post, a document, a photograph, or an event can claim the status of a monument.

Lihtsad kohmakad monumendid

Millal muutub arhitektuur poliitiliseks? Kuidas väljendub võim ehitatud keskkonnas? Kas vorm ja materjalid suudavad seda edasi anda? Kohtumaja või park, tara, sild või elamukompleks on suure hulga inimeste jaoks ilmsed poliitilised tähised, kuid seda omadust tasandavad nende paljud praktilised funktsioonid. Erinevalt neist näidetest on monument *selgesõnaliselt* poliitiline ja *ainult* esindav. Arhitektuur on küll alati väljendanud võimulolijate huve, kuid monumenti eristab ülejäänud arhitektuurist see, et ta teeb seda otseselt.

See klassikaline käsitus pole aga ainuvõimalik. Eesti kontekstis näib traditsiooniline monument pigem välismaise sissetungijana. Selle kohalolu on marginaalne, traditsioon olematu ning vorm moonutatud ilmsest kultuurilisest nihkest. Väikesed, viltused, ümber paigutatud, pooleldi lõhutud, unarusse jäetud monumendid seisavad oma ükskõikses ümbruses justkui suveniirid kaugeilt mailt. Väljakul asuv kuju ei ole siin omandanud Lääne-Euroopast tuttavat keskset positsiooni.[1] Triumfiteid ei raamistatud kaarte, sammastike ega obeliskidega. Muutuvate piiride kokkupuutealal on kese jäänud märkimata. See semantiline tühjus suunab pilgu teistele, vähem erandlikele arhitektuurivormidele. Selle asemel et otsida tähendusi tahutuna marmorisse ja valatuna pronksi, võib varjatud laetus peituda mujal.

Viimasel ajal on kõikjal maailmas hakatud kahtlema monumendi mõttemääratluses. Üha enam paistab Eesti kultuuriline eripära olevat kooskõlas laiema usaldamatusega monumendi kui rõhuva võimu kandja vastu. Selle määratlemine pelga mälestusmärgina on muutunud aina vastuolulisemaks. Mida see mälestab? Kelle jaoks? Kelle loal? Ja kui kauaks? Ajal, mil revolutsioone korraldatakse sotsiaalmeedia kaudu, võib ka postitus, dokument, foto või sündmus pretendeerida monumendi staatusele.

The statue of Confederate General Robert E. Lee covered by the decree of Charlottesville Council in August 2017.

Charlottesville'i linnavalitsuse käsul kaetud konföderatiivse kindrali Robert E. Lee kuju, august 2017.

© CC BY-SA 4.0 / AgnosticPreachersKid, 2017

The concept has become practically impossible to define and this loss of definition as well as, by extension, loss of authority, proves explosive. A memorial can now realise its inherent subversive potential almost overnight. Monuments still standing are seen as continuations of history's wrongdoings.[2] Eternity provokes.

And yet the monument endures.

Ridiculed and condemned, the monument has always been an easy target for the vanguard mind. An anchor hacked in the grounds of outdated pasts, the concept sticks around as if ignorant of its unwanted presence. Its signification is still commonly recognised, for the good or bad, and acted upon. Its dedication, placement and even design are of peculiar importance to the public. Its removal or defacement rarely stays unnoticed. The monument, if lacking many of its former powers, is for large groups of people, still recognised as an architectural marker.

Periphery and Weakness

Weak monument is not 'antimonument'. This project is not adding to the criticism of an already insecure concept. This is not its aim. Instead, it takes advantage of the monument's currently diffused outline to explore the relationship between its explicit political charge and the implicit politics of the rest of architecture. Sometimes maintenance or neglect may overstep this boundary. Sometimes the difference between the plinth and the pavement around it is washed away by a protest, sometimes by a demolition. Sometimes it is the history, the location or the material that confuse the exceptional and the everyday architectural objects. In those moments, something odd occurs, not precisely in line with how the monument is traditionally understood.

Can a monument be formed, for instance, by a temporary structure? Or can a mediocre architectural element become a monument? If so, does its potential reside in its physical form? We imagine a

Monumendi mõiste määratlemine on muutunud peaaegu võimatuks. Selle määratlematuse ja seega väheneva autoriteedi tagajärjed paistavad olevat plahvatuslikud. Nüüd võib memoriaalist vallanduda seni varjul olnud sisemine vastuolu. Endiselt omal kohal seisvaid monumente nähakse ajalooliste eksimuste pikendustena.[2] Igavik provotseerib.

Ja ometi monumendid püsivad. Pilatu ja hukkamõistetuna on monument alati olnud eesliinil tegutsejaile lihtsaks sihtmärgiks. Iganenud mineviku pinnasesse taotud ankruna on see kujund püsima jäänud, justkui puuduks tal teadmine oma soovimatust kohalolust. Olgu heas või halvas, monumendi tähenduslikkus kehtib endiselt ning sellele vastavalt ka käitutakse. Monumendi pühendus, asukoht ja isegi vorm pakuvad avalikkusele kummalist huvi. Selle eemaldamine või rikkumine ei jää peaaegu kunagi tähelepanuta. Kuigi monumendil ei pruugi enam endist mõjuvõimu olla, on see paljude inimeste jaoks siiski oluline arhitektuurne tähis.

Ääremaa ja nõrkus

Nõrk monument ei ole antimonument. Meie projekti mõte ei ole õõnestada monumendi niigi ebakindlat mõistet. Pigem kasutame ära selle hajusat määratlust, et uurida seoseid monumendi sõnaselge poliitilise laetuse ja ülejäänud arhitektuuri kaudse poliitiseerituse vahel. Vahel võivad hooldustööd või hooletusse jätmine seda piiri hägustada. Vahel kaob pjedestaali ja seda ümbritseva sillutise vaheline erinevus meeleavalduse või lammutustööde käigus. Mõnikord paiskavad ajalugu, asukoht või materjal segi piirid erilise ja igapäevase arhitektuuri vahel. Nendel hetkedel juhtub midagi veidrat, mis pole kooskõlas sellega, kuidas monumenti traditsiooniliselt mõistetakse.

Kas ajutine ehitis saab ka monument olla? Kas keskpärasest arhitektuursest elemendist võib kujuneda monument? Kui nii, siis kas see potentsiaal peitub elemendi füüsilises vormis? Kujutleme vahemikku võidusamba ja revolutsioonilise barrikaadi vahel ning laiendame

spectrum between the triumphal column and revolutionary barricade and extend it. Sometimes it is the underlying pavement which is the true representation of collective agency.

Estonia is predisposed to form a base for such exploration. The distinction between explicit and implicit politics is blurred here by default. The territory has been governed by many, often interchanging powers, to whom it has formed a periphery. The peripheral condition is one of few which have remained stable.[3] It is the simultaneous distance from centralised institutions and the imperative to follow their non-contextual techniques that constantly keep the periphery alert and demand tactics to sustain vitality. Such situation can be potent. Resilience is built up *around* the often-changing monuments of far-off centres—in the paved square that outlasts the monument on top [catalogue B01A], in the park stairs that host public gatherings [catalogue B05B], in the core of an apartment block that provides protection for the bodies within [catalogue S04B].

In the Estonian village of Torma, a statue of a kneeling warrior was put up to confront the East. As the East came, the statue was turned to face the West. Who then came and turned him around, followed by the East, once more, who made him face the West before blowing him to pieces. In Estonia, monuments dance.

The seemingly inert concept of the monument can be brought to life, with an adjective. 'Weak monument' is a proposal Estonia brings to the Venetian stage. If everything today seems to be subject to interpretation, if all values are interchangeable and even facts are polemic, how else can we still speak of monuments?

The recently revived postmodern concept of 'weak thought' which was first introduced by the Italian philosopher Gianni Vattimo in 1991 to capture his contemporary condition of relativity and rootlessness has since then infiltrated everyday politics and life at large.[4] The unexpected second actuality of the notion of weakness is at once a reflection and a proposition. What is but a tendency can, according

The artist Gustav Courbet was the first who proposed to disassemble the triumphal column on Place Vendôme in Paris in May 1871. The remains of the column and the Commune's barricades stand abandoned on the torn pavement.

Kunstnik Gustav Courbet oli esimene, kes pakkus välja Pariisis asuva Place Vendôme ausamba osadeks lammutamise 1871. aasta mais. Samba jäänused ning Kommuuni barrikaadid seisavad mahajäetult üleskistud sillutise taustal.

© Public Domain / Metropolitan Museum of Art, 269671

The revolving statue of a warrior in Torma, Estonia was first put up to confront the newly born Soviet Union in 1923.

Pöörlev sõdalase kuju Tormas, mis püstitati esmalt vastamisi äsja tekkinud Nõukogude Liidu suunas 1923. aastal.

© René Viljat / "Vabadussõja mälestusmärgid I"

to Vattimo, become a strategy. One that is manifold, full of contradictions, heterogeneous and nonhierarchical. In other words, everything that the classical monument is not. In this sense, 'weak monument' is an oxymoron. A rhetorical device which can offer fresh perspectives on how to recognise the political in any built form.

We do not speak of architecture, but we, of course, speak about architecture. After all, the monument can be considered an extreme form of an architectural project. Its extremity resides in its demarcation of the discipline's margin while purportedly embodying some of its most central aims. Relation to the site, capacity to represent and delimitation of public space are just some of these. The politics of weak monuments may reveal something of the politics of architecture at large—notably that they are both implicit. If the architectural form is at all political, it is mostly political by implication. It is consumed in a state of distraction.[5] Lives are only framed by it. Histories only pass through it.

To speak of weak monuments is to shed light on this implicitness. The power in question can not only be that of the object over its history, but also that of the architect over their project, and ultimately, the project over its inhabitant. If such power is weaker, then even it is more relevant, for what is only *implicit*, cannot be openly questioned.

Figures of Weak Monument

How to take advantage of the spectrum between what is not yet, what is still, and what is no longer a monument?

We propose a series of figures, extending our understanding of what can constitute an architectural marker: "The Ruin", "The Gap", "Scaffolding", The Base", "The Shelter" and two intruding chapters— "The Barricade" and "A Donkey". Each in its own way questions the explicit and implicit political charges an architectural object can possess. None sits easily within the traditional limits of the discipline,

seda—teinekord väljendab kollektiivset tahet kõige täpsemini hoopis monumendi ümber olev sillutis.

Eestis on selliseks uurimuseks soodne pinnas. Sõnaselge ja kaudse poliitika eristus on siin vaikimisi hägune. Siinseid alasid on vaheldumisi valitsenud mitmed jõud, kelle jaoks on siin ääremaa. Ääremaaks olek on üks vähestest tunnustest, mis on siin ajast aega muutumatult samaks jäänud.[3] Kaugus kesksetest institutsioonidest ja samas kohustus järgida nende seatud seadusi on muutnud ääremaa valvsaks ning nõudnud erilist ellujäämistaktikat.

Selline olukord on võimalusterohke. Vastupidavus ehitatakse üles kaugete keskuste tihti vahetuvate monumentide ümber—sillutatud väljakuna, mis püsib kauem kui selle keskel asuv monument [kataloog B01A]; pargitreppidena, kus leiavad aset avalikud kokkusaamised [kataloog B05B]; isegi kortermajana, mille trepikoda pakub kaitset majas elavatele inimestele [kataloog S04B].

1923. aastal püstitati Tormas põlvitav Kalevipoja kuju, mis seisis silmitsi idaga. Kui idast võim üle võeti, pöörati sõdur näoga läände. Seejärel saabus võim läänest ja pööras selle taas ümber. Järgnes uus sissetung idast ning monument jõuti enne õhku laskmist veel korra läänega vastamisi pöörata. Selline on ühe Eesti monumendi tants.

Monumendi loid mõiste on võimalik ellu äratada ühe omadussõna abil. Eesti toob Veneetsias lavale *nõrga* monumendi idee. Kuidas teisiti saakski rääkida monumentidest ajal, mil kõik paistab olevat avatud tõlgendustele; kõik väärtused on lihtsasti vahetuvad ning isegi ilmselged faktid on vaieldavad?

Viimasel ajal on uuesti hakatud rääkima postmodernsest "nõrga mõtlemise" mõistest, mille käis esmakordselt välja Itaalia filosoof Gianni Vattimo 1991. aastal, väljendamaks oma aja suhtelist ja juurtetut olukorda. Sellest ajast peale on nõrkuse mõiste imbunud ka argipoliitikasse ja teistesse eluvaldkondadesse.[4] Nõrkuse

but then again, nor does the monument. These examples are sometimes architectures and sometimes monuments, sometimes both and sometimes neither.

The Ruin

> Only a very small part of architecture belongs to art: the tomb and the monument. Everything else that fulfils a function is to be excluded from the domain of art.[6]

Adolf Loos suggests that the borderline between a monument and *everything else* lies in its prescribed purpose. But what if this purpose is lost with time? In such situation, a subtraction of utility itself can create a ruin even if the material condition of the building remains unimpaired.

It was through the Romantic fascination with crumbling monasteries and disfigured sculptures that the monument first became a popular phenomenon [catalogue R01A]. In a sense, the monument had entered the popular consciousness already in its ruined form—as a picturesque destination of proto-touristic pilgrimage or a newly constructed counter-form to the European national movements and their myths. As such, in its very essence, in its Sunday best, it conceals the cracks of the ruinous and the picturesque.[7]

Then, when a building becomes a ruin, in line with these Romantic origins, it is at risk of becoming a monument by extension. The ruinous spectacle of the useless and empty object in the midst of a thriving city inevitably attracts meanings to its crumbling structure. The absence of practical usefulness attracts signifying functions instead.

The useful *object* becomes a *thing*, mysterious and new. As only bare built-up material, it can constitute new spaces and new meanings. These can resist demolition and sustain an indefinite extension of the prescribed lifespan. They measure time through neglect and neglect through time [catalogue R08B].

mõiste teine, ootamatult ilmnenud tegelikkus on ühteaegu nii vaatlus kui ka ettepanek. Vattimo sõnul võib kalduvusest saada strateegia, mis on mitmenäoline, vastuoluline, heterogeenne ja mittehierarhiline. Teisisõnu täielik vastand klassikalisele monumendile. Selles võtmes on "nõrk monument" oksüümoron — retooriline vahend, mis võib pakkuda värsket lähenemist poliitilisuse märkamiseks ehitatud keskkonnas laiemalt.

Me ei räägi otseselt arhitektuurist, kuid räägime sellest siiski. Teatud mõttes võib monumenti pidada arhitektuuri äärmuslikuks vormiks. Monumendi äärmuslikkus seisneb arhitektuuri valdkonna piiride märgistamises, täites samal ajal selle kõige kesksemaid eesmärke. Ümbritsevaga suhestumine, representeerimisvõime ning avaliku ruumi piiritlemine on vaid mõned neist eesmärkidest. Nõrkade monumentide politiseeritus võib paljastada midagi arhitektuuri poliitilisuse kohta üldisemalt — tähelepanuväärsena näiteks seda, et mõlema puhul jääb see kaudseks. Kui arhitektuursed vormid on üldse poliitilised, on nad seda enamasti vihjavalt. Arhitektuur annab inimesele raami, mida tarbitakse seda otseselt tähele panemata.[5] Ajalugu lihtsalt läbib selle.

Nõrkadest monumentidest rääkimine muudab selle kaudsuse nähtavaks. Küsimus ei ole ainult objekti võimus ajaloo üle, vaid ka arhitekti võimus oma projekti üle ning lõpuks ka ehitatu võimus oma asustaja üle. Kui selline võim on nõrk, siis on ta seda asjakohasem, sest mis on ainult *kaudne*, ei saa olla avalikult küsimuse all.

Nõrga monumendi kujundid

Kuidas pöörata enda kasuks spekter selle vahel, mis veel ei ole, endiselt on ja enam ei ole monument?

Pakume välja seeria kujundeid, mis laiendavad arusaama sellest, mida võib pidada arhitektuurseks tähiseks: "Vare", "Tühimik", "Tellingud", "Alus", "Peavari" ning kaks lisapeatükki "Barrikaad" ja "Eesel". Iga kujund ja peatükk uurib omal

The ruins of a never completed logistics centre next to the busiest highway in Estonia mark the pre-2008 economic boom to all that pass by.

Lõpetamata logistikakeskuse varemed Eesti tihedaima liiklusega maantee ääres tähistavad 2008. aasta eelset majandusbuumi kõigile, kes sellest mööduvad.

© Weak Monument, 2018

Other times the significance of ruins is only an extension of the object's original significance. A prison is stormed, a border wall demolished. A memorial column goes from vertical to horizontal, from a single piece to many. Oppressions are overthrown, and their broken symbols become symbols of the change. The moment of victorious breaking is frozen in time. Photographed, painted, or structurally stabilised as a ruin for generations to come, it manifests exemplary frailty [catalogue R05A].

It is not always possible to distinguish the two ruins: the political and the picturesque, the historic and the everyday. The explicit and the implicit monument. There is a margin rather than a straight line. The ruin is not a finished product but a point of balance. Balance between rigidity of structure and the destructive forces of nature and man. Between the power that erects and the power that wants to take down. As with a pyrotechnic demolition, the ruin is but a brief moment as if captured by a photographer.

The Gap

The monument is increasingly defined by what it isn't, by the missing or the forgotten. Absence can be monumental.

Those who feel not included in official histories see their monuments as continuations of wrongdoing. Then, when the political setting fades, its monuments fade with it. Slowly or overnight, they change from seemingly inert carriers of a single message into shouting calls for action. The boring invisibility of a commemorative monument praised by Robert Musil only lasts while the cultural-political framework that stood at its erection is still in place.[8] When that disappears, the monument suddenly provokes by its material confidence, or scale, its central or elevated position and most of all by its stubborn refusal to accept a new reality. It is suddenly open to new interpretation and sometimes the only meaningful reinterpretation can be rendered by a pneumatic drill [catalogue B02A].

moel, milliseid selgeid ja kaudseid poliitilisi tähendusi võib arhitektuursetele objektidele omistada. Ükski neist määratlustest ei mahu lihtsasti arhitektuuridistsipliini traditsioonilistesse piiridesse, kuid sama kehtib ka monumendi kohta. Toodud näited käivad vahel arhitektuuri, vahel monumentide, vahel mõlema ja vahel ei kummagi kohta.

Vare

Ainult väike osa arhitektuurist kuulub kunsti valda — hauatähised ja ausambad. Kõik ülejäänu, mis praktilist eesmärki täidab, tuleb kunsti hulgast välja arvata.[6]

Selle kuulsa väitega pakub Adolf Loos välja, et piir monumendi ja "kõige ülejäänu" vahel lasub eesmärgipärasuses. Aga mis saab siis, kui eesmärk on ajas kaduma läinud? Sellisel juhul võib juba ainuüksi eesmärgi hääbumine muuta objekti varemeks, isegi kui ehitis ise veel terviklikuna püsib.

Monument saavutas populaarsuse koos romantismiaegse vaimustusega lagunevate kindluste-kloostrite ja osaliselt säilinud skulptuuride vastu [kataloog R01a]. Lihtsamalt öeldes imbus monument laiemasse teadvusse juba varemena — prototurismiliku palverännaku maalilise ja populaarse sihtkohana või vastehitatud valuvormina Euroopa rahvusliikumistele ja nendega seotud müütidele. Nii peidab monument juba olemuslikult, isegi oma parimal kujul, varemete ja maalilisuse pragusid.[7]

Seega, kui hoonest saab vare, on sellel oht — kooskõlas oma romantismiaegse päritoluga — pikendusena ka monumendiks muutuda. Keset elavat linna kasutu ja tühjana seisva objekti varemeks saamise vaatemäng meelitab tahes tahtmata varisevale ehitisele tähendust omistama. Praktilise kasutuse puudumine ahvatleb sellele tähenduslikku otstarvet andma.

Kasulikust *objektist* saab müstiline ja uudne *asi*. Tühipalja materjalikogumina

Monument to the removed monument to Martin Luther in Harku, Estonia.

Monument eemaldatud Martin Lutheri monumendile Harkus Eestis.

© Keila LV / Valdur Vacht, 2012

After the removal of the whole or just a part, the result is a charged void. It matters that it is a void *after* something. Far from being an inert absence, this void is supported by fragments of the original: an empty plinth or platform, a leftover sign or a perceivable gap [catalogue G05]. Regardless of a complete or partial absence, its position and location remain identifiable by adjacent spatial settings and through them the collective memory is kept alive. They mark a space open(ed) for negotiation, space which by that definition is truly political.

The intentional, dramatic void is a classical genre of memorial architecture. A direct spatial translation of something, or someone, gone missing. The gap is an absence of a different kind. The void can be a self-enclosed entity. The gap, on the other hand, can only exist in relation to that which surrounds it, to that which precedes it, or that which shall succeed it. The gap is rather an accident, but an accident which in itself is materially constructed.

Building of foundations reveals how removing material implies methods of retaining. The larger the void, the more sophisticated these methods must become. The retaining walls of void-like memorials can be compared to the missing heads of dictators and subtracted confederacy generals, but also to fences, hoardings, barbed wires and welded windows [catalogue G07]. Interruption is common to all. Sometimes it is recognised, and sometimes it remains unnoticed.

Scaffolding

This unassuming tubular carrier of anything is rarely regarded as politically charged. In its apparent temporariness, the scaffolding is almost invisible. It points our attention elsewhere. Through its utility it dispels the aura of the monument, sometimes reveals its immorality and sometimes challenges its sacredness. The veil of the distant gaze is removed—the monument becomes active and tactile in its physical presence with all its flaws that openly require care and common resources.

hakkab see uusi ruume ja tähendusi looma. Sellisena võivad need üle elada lammutamise ning nende oodatud eluaeg võib määramatult pikeneda. Nad mõõdavad aega unarusse jätmise ja unarusse jätmist aja järgi [kataloog R08B].

Vahel aga on varemete tähendus vaid objekti algse tähenduse edasiarendus. Vanglale joostakse tormijooksu, piire märkiv müür lüüakse maha. Mälestussammas kukub vertikaalist horisontaali, ühest tükist saab mitu. Ikkest murtakse vabaks ning selle lõhutud sümbolid saavad muutuste sümboliks. Võiduka lõhkumise hetk saab ajas talletatud. Järgnevate põlvkondade jaoks *varemena* üles pildistatud, maalitud või konserveeritud objekt annab tunnistust erakordsest haprusest [kataloog R05A].

Nende varemete—poliitiliste ja maaliliste, ajalooliste ja igapäevaste—eristamine ei olegi alati võimalik. Nii nagu pole alati võimalik selget vahet teha ka selgel ja kaudsel monumendil. Selge eristusjoone asemel on pigem ääreala.

Varemed ei ole valmistoode, vaid tasakaalupunkt. See on tasakaal ehitise jäikuse ning looduse ja inimese hävitava jõu vahel. Tasakaal püstitava ja lammutava vahel. Nii nagu hoone õhkimiselgi, on vare ainult lühike hetk, justkui fotograafi tabamus.

Tühimik

Monumenti määratleb üha enam see, mis ta ei ole; miski, mis on puudu või unustatud. Millegi puudumine või n-ö ä*raolek* võib olla monumentaalne.

Ametlikust ajaloost väljajäänud ei salli kehtiva korra monumente. Kui poliitiline ruum kaob, kaovad ka selle monumendid. Aegamisi või üleöö muutuvad need pealtnäha inertsed ühe sõnumi kandjad karjuvaks üleskutseks. Mälestusmärgi igav nähtamatu olemus, nagu Robert Musil oma kuulsas avaldustes välja tõi, püsib ainult seni, kuni kehtib selle püstitanud kultuuripoliitiline raamistik.[8] Kui see kaob, muutuvad monumendi materiaalne enesekindlus, suurus, keskne või

Scaffolding is a kit applied to that which supposedly stands beyond the everyday public spaces. It has three essential characteristics: it is by nature temporary, it provides access and it elevates. Its etymology reveals some of this threefold meaning: the Spanish *cadafalso* refers to 'obsolete', the Latin *katafalicum* describes a 'siege tower' and the Middle English *scaffold* was a 'platform' for viewing a tournament but also a 'place to execute a criminal'.

All three functional purposes have implications for how the scaffolding can be seen. The darker Middle English origin of the word illuminates the latter two: elevation and temporariness. 'The Scaffold' as a place of medieval executions was a stage for the atrocities of punishment and torture. It was built as a site where the supposed exceptional nature of the crime perpetrated was revealed to the masses. The excess of power over the subjected is manifest in the cruelty of the punishment, but equally in the necessity for a temporary edifice erected solely for this purpose [catalogue Sc02b]. The act is elevated and revealed to the public contrasting later conventions to conceal acts of justice in prisons or prisons' backyards.[9]

Sometimes scaffolding usurps the role of the monument itself. After all, it can elevate just as well as a marble plinth. Scaffolding is at hand for any group of people that wish to assemble, to be represented and it is through these readymade rentable sets that crowds are shaped to requisite character, size and form; and that crowds can shape themselves to desirable sizes and forms. Stages and fences for rent can structure all events attended by the masses—the festive as well as the political.

To think of the monument as a movable, temporary, even rentable set is to question one of its defining features: permanent attachment to place. The traditional monument is perceived as a static and singular object, a totem, fixed irrevocably to the ground which bears most of its significance and value. Without fixedness, the monument can be reprogrammed or reassigned. As scaffolding, it defies the limitations

kõrgendatud asukoht ning ennekõike kangekaelne leppimatus uue tegelikkusega provokatsiooniks. Äkitselt on monument avatud uutele tõlgendustele ning vahel toimub ainus mõttekas ümbertõlgendamine puurvasara abil [kataloog B02A].

Pärast monumendi täielikku või osalist eemaldamist on tulemuseks laetud tühjus. On märkimisväärne, et see on *millelegi järgnev* tühjus. Pelga puudumise asemel toetavad seda tühjust originaali killud: tühi pjedestaal või platvorm, allesjäänud silt või tajutav tühimik [kataloog G05]. Hoolimata monumendi täielikust või osalisest puudumisest on selle asend ja asukoht endiselt tuvastatavad ümbritseva keskkonna kaudu, mis hoiab kollektiivset mälestust elavana. Tähistatud on koht, mis on läbirääkimisteks avatud ja sellisena tõeliselt poliitiline.

Tahtlik, dramaatiline tühjus on memoriaalarhitektuuri klassikaline võte. Millegi või kellegi kadumise otsene ruumiline tõlgendus. Meie peame aga silmas teistlaadi äraolekut: *tühjus* võib olla eneseküllane nähtus, aga *tühimik* saab eksisteerida ainult suhtes ümbritseva, eelneva või järgnevaga. See on pigem nagu juhus, kuid juhus, mis on aineliselt konstrueeritud.

Vundamendi rajamisel tuleb välja, kuidas pinnase eemaldamiseks on vaja ümbritsevat toestada. Mida suurem tühjus, seda arenenum peab meetod olema. Tühjusel põhinevate memoriaalide tugimüüre võib võrrelda diktaatorite ja oma kohalt tagandatud konföderatiivsete kindralite kadunud peaga, aga ka tarade, reklaamplankude, okastraadi ja trellitatud akendega [kataloog G07A]. Kõiki neid iseloomustab katkestatus. Vahel pannakse seda katkestatust tähele, vahel jääb see märkamatuks.

Tellingud
Neile mitte kuigi märkimisväärsetele kandekonstruktsioonidele ei omistata just sageli poliitilist laetust. Tellingute naiiv ajutine loomus muudab need peaaegu

Timber podium for a conductor at a Song Festival in Ambla, Estonia.
Puust dirigendipult Ambla Laulupeol Eestis.
© Järvamaa Muuseum / PM F 2362:22

a building must observe, not least legal planning constraints. It can hide its political agenda behind its temporal veil. As a monumental structure, scaffolding is *a priori* implicit. Its politics only come across through its utility.

The Base

An intermediate link between the ground and the object, the base is a classical category both in monumental and architectural terms. Hereby its definition is extended.

We know from disability studies that every human action is a supported action. The kind of base we have in mind here is such that supports and exhibits actions that are inherently political. A base is a physical structure robust enough to carry the weight of bodies and objects it was designed to elevate and to resist the hostile forces it was built to oppose. Military encampment is a base. Foundation is a base. The origin of the word alludes to 'foundation', 'support' and a 'pedestal', but also a 'step', further to 'walk up' this step as well as to simply 'go'. If the monumental plinth forms the explicit base of the city, the pavement is the implicit urban base [catalogue B02].

When a protesting crowd takes hold of the public square these many modalities of the base manifest themselves. Sometimes it is the very public status of the space itself which is being questioned.[10] The pavement is complemented by anything elevated and anything elevated becomes a base. Pavement stones are torn out and used as weapons [catalogue B03a]. Surfaces from which speeches can be made and from where the crowd can access its own size are claimed. It matters that often the most prominent of the newly forged stages is the base of a traditional monument.

The base can be an orderly stack of granite blocks, a staircase, an open field or a pile of earth. What matters is its ability to support a symbol (a pedestal), but also an action (a stage), and allow one or the other to unfold in a visible manner. Sometimes such action

nähtamatuks ja suunab meie pilgu mujale. Nendega seonduv praktilisus hajutab monumendi aura, paljastades vahel selle moraalituse või seades kahtluse alla pühalikkuse. Loor distantseeritud pilgu eest kaob—monument muutub oma füüsilises kohalolus aktiivseks ja käegakatsutavaks koos kõigi oma vigadega, mis toovad esile vajaduse ühise hoole järele.

Tellingud on justkui vahend, millega katta kinni see, mis jääb igapäevasest avalikust ruumist väljapoole. Neil on kolm põhiomadust: need on ajutised, need tagavad ligipääsu ning need tõstavad. Ingliskeelse sõna *scaffold* ehk "tellingud" etümoloogia viitab neile kolmele tähendusele: hispaania keeles tähendab *cadafalso* "iganenud", ladina keeles kirjeldab *katafalicum* piiramistorni ning keskaja inglise keeles tähendas *scaffold* platvormi, kust oli võimalik turniire vaadata või kus hukati kurjategijaid. Kõik kolm annavad aimu sellest, kuidas tellinguid näha võib.

Inglise keeles viitab selle sõna tumedam keskaegne tähendus kõrgusele ja ajutisusele: keskaegne hukkamispaik *scaffold* oli lava, kus viidi täide hirmsaid karistamisi ja piinamisi. See oli ehitatud kohana, kus massidele näidati toimepandud kuriteo äärmuslikkust. Liigsest võimukasutusest andis tunnistust nii karistuse julmus kui ka vajadus ainult selleks rajatud ajutise ehitise järele [kataloog Sc02b]. Karistamine viidi läbi kõrgendatud platvormil rahva silme all vastupidiselt hilisemale tavale peita õigusemõistmine vanglatesse või vanglahoovidesse.[9]

Vahel võtavad tellingud üle monumendi rolli. Lõppude lõpuks võib nende abil sama kõrgele tõusta kui marmorist postamendi abil. Tellingud ja neist loodud poodiumid on käepärased vahendid rühmadele, kes tahavad koguneda ja ennast näidata. Nende hõlpsasti renditavate valmiskonstruktsioonide abil antakse massidele vajalik karakter, suurus ja kuju ning samuti saavad massid ise tellinguid soovitud kujusse ja suurusesse

Demonstrations at the Hirvepark stairs in 1987, which insisted to reveal the secret protocols of the Molotov-Ribbentrop Pact.

Meeleavaldused Hirvepargi treppidel 1987. aastal, mis nõudsid Molotovi-Ribbentropi pakti salaprotokollide avalikustamist.

© Jaan Klõseiko, 1987

is a speech, but sometimes, for members of marginalised minority groups or non-citizens, simply walking on the pavement is a significant action itself. Unlike the balcony, which can be accessed only by a privileged few, the base of a monument is accessible to none, but also to everyone [catalogue B06A]. Similarly, the pavement as a base can be accessed by anyone and everyone with *practically* no exceptions.

Not all streets are paved, not all public spaces are accessible. There are specialised pavements which prevent the homeless from laying down, but also pavements which help orient the sight impaired. In Europe, stone pavements mark the centre, asphalt or concrete the periphery. Something as minimal as a drop kerb can form an architecture of inclusion.

vormida. Renditavad lavad ja piirdeaiad saavad struktureerida kõiki massiüritusi, nii pidulikke kui ka poliitilisi.

Mõeldes monumendist kui liikuvast, ajutisest, isegi renditavast struktuurist, seame kahtluse alla ühe selle põhiomaduse: püsiva seotuse kindla asukohaga. Traditsioonilist monumenti peetakse staatiliseks ja ainulikseks objektiks—see on tootemisammas, mis on kindlas ühenduses maapinnaga, millele laieneb selle põhiline tähendus ja väärtus. Kui monumendil puudub püsiv kinnitus, võib seda ümber programmeerida või ümber paigutada. Tellingutele ei kehti samad piirangud ega ehitusseaduslikud nõuded mis hoonetele. Need võivad oma poliitilist kavatsust ajutisuse loori taha varjata. Monumentaalehitisena on tellingud *a priori* kaudsed. Nende poliitilisus tuleb ilmsiks ainult läbi nende kasulikkuse.

Alus

Maapinna ja objekti vahelüliks olev alus on klassikaline kategooria nii monumentaalkunstis kui ka arhitektuuris. Laiendame siin selle definitsiooni.

Puueteuuringutest on teada, et kogu inimtegevus on toetatud tegevus. Meie räägime siinkohal alusest, mis toetab ja toob esile tegevust, mis on oma olemuselt poliitiline. Alus ehk baas on ehitis, mis on piisavalt robustne, et kanda kehade ja objektide raskust, mille esiletõstmiseks ta kavandati, ning panna vastu vaenulikele jõududele, millega vastakuti seismiseks ta ehitati. Sõjaväelaager on baas. Vundament on baas. Sõna algupära viib meid tagasi "asutamise", "toe" ja "pjedestaalini", aga ka "astme" ning sealt "üles astumise" ning lihtsalt "minekuni". Kui monumendi pjedestaal moodustab linna selge aluse, siis linna kaudne alus on sillutis [kataloog B02].

Kui meeltavaldav rahvamass mõne avaliku väljaku hõivab, tulevad aluse tasandid esile.[10] Vahel on vaidluse all just

17

The Barricade
by Charlotte Grace

When matters become more serious, the pavement gets torn up. The smooth, singular, flush base of the street gets punctured, crumbled and repurposed, blocking the flow and exchange of bodies and commodities [catalogue B04a]. However, there are many occasions in which the barricade does not constitute a vertical object but an active force, horizontally breaking through the verticality of state power and the running order of things. Initially behaving as wall—a pile of objects or constructed by homogenous elements—behind which insurgents at least feel protected, this naive faith in architecture as resistance has since crumbled in order to strengthen itself.

Funnily enough, with the rise of the barricade as an icon, so loaded with a rhetorical reputation that its performative qualities precede its material intention, capacity has increased for one of the oldest tricks in the book: the decoy. The barricade distracts the enemy by drawing state-eyes to above-ground, explicit battle-lines; this enables the movement and exchange of bodies, commodities and politics under the surface and behind the facade.

In performing defense to enable offense, the object is used to defend the subject without need for spatial proximity. Simultaneously imagined by the insurgent as icon and by the enemy as decoy, the original faith in architectural objecthood is subverted as the barricade-as-signifier materialises back into a heuristic armoury. When images subsume subjectivity and material capacities are uprooted, subjects dissolve into objects and form the defensible image. What can be seen through the barricades development is an acknowledgement and embodiment of material failure: in order to resist, it evades, subsuming subjects into objects and turning objects back into subjects.

And so, the barricade is a monument: a spatial strategy loaded with subjectivity and message, abstraction as its material anchor.

ruumi avalik olemus. Sillutist täiendab kõik, mis asub sellest kõrgemal, ning kõigest, mis on kõrgemal, saab alus. Kõnniteekivid rebitakse maast lahti ning neid kasutatakse relvana [kataloog B03A]. Hõivatakse pinnad, kust on võimalik kõnesid pidada ning kuhu rahvas saab massina koguneda. On märkimisväärne, et kõige silmatorkavamaks vastloodud lavaks on sageli just traditsioonilise monumendi baas.

Aluse võivad moodustada korrapärane kogum graniitplokke, trepp, tühi väli või mullahunnik. Oluline on, et see suudaks toetada sümbolit (pjedestaal), aga ka tegevust (lava) ning laseks ühel või teisel toimuda nähtavalt. Vahel võib tegevus olla kõne pidamine, vahel aga—kui tegemist on marginaliseeritud vähemuste või mittekodanikega—võib tähenduslikuks tegevuseks saada ka pelgalt kõnniteel käimine. Erinevalt näiteks rõdust, kuhu on ligipääs vaid vähestel privilegeeritutel, pole monumendi alusele asja mitte kellelgi või siis just kõigil [kataloog B06A]. Nii on ka sillutisele kui alusele ligipääs igaühel ja kõigil, *praktiliselt* ilma eranditeta.

Kuid nii nagu kõik tänavad pole sillutatud, pole ka avalik ruum täies ulatuses ligipääsetav. On olemas erilahendusega sillutised, mis ei lase kodututel pikali heita, samuti sillutised, mis aitavad vaegnägijatel orienteeruda. Euroopas tähistab kivisillutis keskust, asfalt või betoon aga ääreala. Vahel võib nii väike asi nagu kõnnitee madaldatud äärekivi olla märk kaasavast arhitektuurist.

Barrikaad
Autor Charlotte Grace

Kui olukord tõsiseks muutub, kistakse sillutis maast lahti. Tänavate sile, ühtlane, tasane pind saab augustatud, purustatud ja uue otstarbe, peatades kehade ja kaupade voo ning vahetuse [kataloog B04A]. Aeg-ajalt saab barrikaadist aktiivne jõud, mis murrab horisontaalselt endale teed läbi vertikaalse riigivõimu ning kehtiva korra. Algselt pakkus kokku kuhjatud ob-

But if politics is a war of abstractions, then the barricade is politics becoming: it is both material and materialisation, both noun and verb: the act of its own making is as important as what is made. While most monuments represent power (whether won or lost), the barricade is the material enactment of a political claim not-yet achieved; it is a monument to a will to power, perhaps.

This crucial difference empowers the barricade, defining it as inherently an architecture of destabilisation, whichever form that takes. It centres the monumentality of intention rather than result. It is this will, this intentionality, which dictates the barricade's symbolic and material form, and its capacity to be both that continues to materialise such will.

The Shelter

The domestic sphere is by some definitions excluded from the political domain.[11] At the same time, it is the architecture of home, its lack, inaccessibility, or state of disrepair that inspires the most intense political engagement architecture is capable of. Everyday spaces of reproduction are difficult to conceive of as monumental, yet we can hardly imagine a type more symbolic than a house.

This paradox stems from the disjunction between the mundane, insignificant form and the importance of the body(ies) it shelters. It is no coincidence that a dead body with a physical marker is a monumental archetype [catalogue S01A]. If an inanimate body has the capacity to inspire emotions for centuries it is by no surprise that its mirrored living counter-form can claim some of its agency.

This can be seen most intensely when an extended home is created by an intentional displacement of oneself. A temporary shed or tent-like structure is built on a prominent public space. Materials are gathered to preserve the life of a protester, and to convey his or her message. It is by the sustained physical presence the importance of the agenda is proposed. Rather than the signs and banners, it is the

jektidest või ühesugustest elementidest seinana toimiv barrikaad meeleavaldajatele kaitset. Hiljem see naiivne usk füüsilisse vastupanuvõimesse mõranes, et koguda teistsugust jõudu.

Kummalisel kombel, kui barrikaadist sai nii tugeva retoorilise laetusega ikoon, et selle soorituslikud omadused jõudsid ette selle materiaalsetest eesmärkidest, kasvas võimalus kasutada üht vanimat trikki: peibutist. Barrikaadid juhivad vaenlase tähelepanu kõrvale, suunates riigi pilgu maapinnal toimuvale, kõigile nähtavale lahingujoonele. See võimaldab tegeleda samal ajal kehade, kaupade ja poliitika liikumise ja vahetusega aga hoopis pinna all või fassaadi taga.

Kasutades objekti subjekti kaitsmiseks, kusjuures ilma ruumilise läheduse vajaduseta, etendatakse kaitset selleks, et tegelikult rünnata. Meeleavaldajad näevad barrikaadi ikoonina, samas kui vaenlased näevad seda peibutisena. Kuid algne usk arhitektuursesse objekti kaob, kui barrikaad tähistajana saab uuesti osaks heuristilisest relvastusest. Kui kujundid omandavad subjektiivsuse ja materiaalsed omadused muutuvad mittepüsivaks, lahustuvad subjektid objektideks ning moodustavad kaitstava kujundi. Barrikaadide arengut vaadates võib näha materiaalse läbikukkumise teadvustamist ja kehastust: et vastu pidada, tuleb kõrvale põigata, allutades subjektid objektidele ning muutes objektid tagasi subjektideks.

Seega on barrikaad monument — ruumiline strateegia, mis on laetud subjektiivsuse ja sõnumiga ning mille materiaalne ankur on abstraktsus. Ent kui poliitika on abstraktsioonide sõda, siis barrikaad on poliitika kujunemises: see on ühteaegu materjal ja materialiseerumine, nimi- ja tegusõna: tegevus ise on sama oluline kui see, mis teoks saab. Kui enamik monumente kujutab (võidetud või kaotatud) võimu, siis barrikaad on veel saavutamata poliitilise eesmärgi materiaalne väljendus; võimalik, et see on monument võimutahtele.

Rather than large apartment blocks, the construction of family houses was widely encouraged in Estonia.

Suurte korterelamute asemel soositi Eestis laialdaselt pere-elamute ehitamist.

© Tallinna Linnamuuseum / Fn 6577:109

architecture of the tent itself that attracts the eyes of the passer-by [catalogue S03]. Due to the practical and legal limitations of similar situations, any such home is always an unsatisfactory one. The body of the protester is exposed to the dangers and discomforts of the weather and the city combined. Even if not directly visible, the body is still somewhat exposed to the public eye.

Similarly, domestic buildings or even details can be monumentalised through neglect or through being at risk of demolition. The resulting exposure of their inhabitants, if only figurative, can be related to that of the protester on the square. Housing elements or even details gain monumental status through association with the lives of their inhabitants, through their context, state of neglect or disaster and sometimes simply through the countless repetition of a building type.

A Donkey
In 1973, the Estonian architect Leonhard Lapin designed a "Monument to the Anti-International". A timber shed for his artist friend Valdur Ohakas' donkey. 'Long live the donkeys, destructors of modern architecture!' is one of the annotations on its drawing. This vernacular antithesis to the famous Vladimir Tatlin spiralling tower, "The Monument to the Third International", can be read as ridiculing the heroic type of monument. It is a symptom of its time as well as the wider Estonian distrust of ideas fixed in stone, or steel, for assumed eternity. Loosely laid timber planks seem more appropriate in what mostly is a forested flatland.

The satire is not solely directed at the monument: the project also comprises a satirical depiction of the heroic figure of the architect himself. Other annotations include: 'Donkey to furnish the interior' and 'someone has thrown a window into the house'.[12]

Not only do donkeys furnish interiors in architecture theory but, as we know from Le Corbusier, they have a say in the making of cities.

See määrav erinevus annab barrikaadile mõjujõu, määratledes selle loomult destabiliseerivaks arhitektuuriks (ükskõik millise kuju see võtab). Monumentaalsuse keskmes on siin kavatsused, mitte tulemus. Just see tahe ja kavatsus määravad barrikaadi sümboolse ja materiaalse kuju ning selle suutlikus olla mõlemat laseb tahtel jätkuvalt teostuda.

Peavari
Tavapärase käsitluse järgi jääb koduse elu poliitika valdkonnast justkui välja.[11] Teisalt on kodu arhitektuur, kodu puudumine, sellele ligipääsu kaotamine või selle kehv seisukord just need ajendid, mis tõukavad arhitektuuri suurimale poliitilisele kaasatusele. Igapäevastes paikades on raske monumentaalsust näha, samas pole vist olemas sümboolsemat ehitist kui elamu.

See paradoks on tingitud lahknevusest elamu tavalise, tähtsusetu vormi ning selles peavarju leidva(te) keha(de) olulisuse vahel. Iseenesest pole ka juhus, et monumendi üks arhetüüp on surnukeha ja teda ümbritsev ehitis [kataloog S01A]. Kui juba elutu keha suudab sajanditeks emotsioone tekitada, pole vist ime, et osa selle kumast laieneb ka tema elavale peegeldusele.

See tuleb kõige tugevamalt esile siis, kui tahtliku ümberasumise kaudu luuakse kodule pikendus. Mõnele esinduslikule avalikule väljakule ilmub ajutine peavari või telgilaadne ehitis. Materjalid veetakse kokku, et pakkuda meeleavaldajale kaitset ning anda edasi tema sõnumit. Viimase puhul mängib olulist rolli püsiv füüsiline kohalolu. Siltidest ja plakatitest enam hakkab juhuslikele möödujatele silma peavarju arhitektuur [kataloog S03]. Praktiliste ja õiguslike piirangute tõttu ei paku selline elupaik kunagi täit rahuldust. Meeleavaldaja keha on avatud ilmast ja ümbritsevast linna keskkonnast tingitud ohtudele ja ebamugavustele. Isegi kui ta keha ei ole teistele otseselt nähtav, on ta teatud mõttes siiski avalikkuse ees.

Project for a donkey stable as a Monument to the Anti-International by Estonian architect Leonhard Lapin.

Eesti arhitekt Leonhard Lapini projekt eeslitallile kui Antiinternatsionaali monumendile.

Courtesy of Leonhard Lapin
Author's collection Leonhard Lapini kollektsioonist

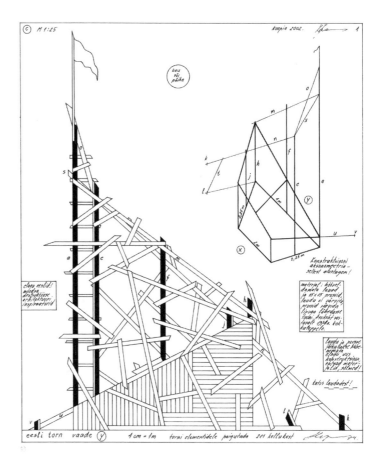

Samamoodi võivad ka elamud või ainuüksi nende detailid muutuda monumendiks, näiteks siis, kui need on unarusse jäetud või neid ohustab lammutamine. Sellistes hoonetes elavatele inimestele osaks saav tähelepanu—isegi kui see ei ole otsene—on võrreldav väljakul protestivate meeleavaldajate olukorraga. Elamud või selle detailid võivad omandada monumendi staatuse seal elavate inimeste elu, hoone ümbruse, kehva või ohtliku seisundi kaudu ning vahel ka siis, kui hoonest saab lõputult korratav tüüpprojekt.

Eesel

1973. aastal kavandas Eesti arhitekt Leonhard Lapin "Antiinternatsionaali monumendi". See oli puidust tall tema sõbra Valdur Ohaka eeslile. "Elagu eeslid— moodsa destruktiivse arhitektuuri inspiraatorid!" oli üks joonisele lisatud märkusi. Seda Vladimir Tatlini spiraalse torni vernakulaarset antiteesi võib vaadata kangelasliku monumendi pilana. Lapini joonistus on tollele ajastule omane, aga ühtlasi ka näide eestlaste umbusust igaveseks kivisse või pronksi talletatavate ideede vastu. Lihtsalt kokku klopsitud prussid tunduvadki tasasel metsasel maal kuidagi kohasemad.

Satiir ei olnud suunatud ainult monumendile—projektis leidus kirjeldus ka nn kangelasliku arhitekti kohta. Joonisel olid lisaks sellised märkused nagu "interjöörid sisustab eesel" ja "keegi viskas maja sisse akna".[12]

Eeslid ei piirdu arhitektuuriteoorias ainult interjööride sisustamisega, vaid nagu on välja toonud Le Corbusier, on neil sõnaõigus ka linnade loomisel. Teoses *"The City of To-morrow and Its Planning"* ("Homne linn ja selle planeerimine") väidab ta, et eesel "läheb kergeima vastupanu teed", samal ajal kui modernne inimene "liigub sirgjooneliselt, sest tal on eesmärk ja ta teab, kuhu ta suundub".[13] Modernne inimene teadis tõesti, kuhu ta suundub, tänapäevase inimese puhul pole see aga nii kindel.

In his "The City of To-morrow and its Planning", the donkey "takes the lines of least resistance" while the modern man instead "walks in a straight line because he has a goal and knows where he is going."[13] The modern man did indeed know where he was going but the contemporary man does not necessarily.

Our presently 'weak' condition, with the proliferation and relativisation of information, opinions, values, and, ultimately, facts, is hardly an ideal breeding ground for values stored in concrete, steel and stone. If despite everything, it does occur, it is seen as authoritarian and anachronistic. The monument is a curious fragment of the past which sticks around. It is an example of a direct path to the expression of an explicit (political) meaning. It sheds a simple light on the complexities of politics in architectural form.

The aim of this project is not to assemble a manual of good monuments. The collection of weak monuments gathered in this publication presents a double-sided movement instead. Monuments become less monumental and everyday architectures gain a monumental status.

We are interested in the extremes, but also in all that is inbetween. *Weak Monument* follows the path of the donkey. Its meaning does not reveal itself immediately but is pervasively implied. Its construction does not need great powers, but a collective force is always required. It has no clear hierarchy, but hierarchy exists. The overall form is not an outcome of intention, but neither is it a product of mere coincidence. The decisions that shape it are mostly pragmatic. The result is complex rather than simple. The power of such monument is implied rather than obvious.

Praegune "nõrk" olukord koos teabe, arvamuste, väärtushoiakute ja isegi faktide paljususe ning suhtelisusega pole just ideaalne kasvulava nende kivisse, betooni või terasesse talletamiseks. Kui selline asi siiski aset leiab, mõjub see autoritaarse ja anakronistlikuna. Monument on minevikust püsima jäänud kummaline element. See on näide otsesest sõnaselge (poliitilise) tähenduse väljendamisest. Samas on selle kaudu võimalik mõista arhitektuursete vormide keerulisi poliitilisi tasandeid.

Selle projekti eesmärk ei ole panna kokku heade monumentide õpikut. Selles kataloogis avaldatud nõrkade monumentide kollektsioon annab tunnistust kahesuunalisest liikumisest. Monumendid kaotavad oma monumentaalsust, samal ajal kui igapäevane arhitektuur omandab monumendi mõõtmeid.

Meid huvitavad äärmused, aga ka kõik, mis sinna vahele jääb. "Nõrk monument" kõnnib eesli jälgedes. Selle tähendus ei ole kohe mõistetav, aga seda võib kõikjal aimata. Selle ehitamiseks pole vaja suuri jõude, vaid pidevat kollektiivset panust. Sel puudub kindel hierarhia, ometi on hierarhia olemas. Lõplik vorm ei ole kavatsuse tulemus, aga see pole ka puhas juhus. Seda kujundavad otsused on suures osas pragmaatilised. Tulemus on pigem kompleksne kui lihtne. Sellise monumendi mõjuvõim on pigem vihjav kui ilmselge.

Endnotes

1. Marek Tamm, Pille Petersoo, *"Monumentaalne konflikt"*, Tallinn: Varrak, 2008, p./lk 9.
2. As two very different examples from two opposing ends of the political spectrum: the protests surrounding the statues of Confederate generals in the Southern States of the USA, and the new Polish search for all monumental traces of its communist past, and sometimes leftist politics at large.
"If we want to build some basis for our future history we need to finish it. It was our mistake that we didn't do it completely in the 90s, and that's why we need to finish it now, " former IPN President Lukasz Kaminski, who oversaw the creation of the new monument legislation, told RFE/RL on October 6, 2017.
Kaks väga erinevat näidet selle poliitilise spektrumi erinevatest otstest: ühest küljest avalikud protestid konföderatiivsete kindralite kujude vastu Ameerika Ühendriikide lõunaosariikides ning teisest, Poola riigi püüd leida üles kõik kommunistliku mineviku, kuid mõnikord ka vasakpoolse poliitika üldiselt, monumentaalsed jäljed. "Kui tahame üles ehitada alust oma tulevasele minevikule, siis peame eelmise lõpetama. See oli meie viga, et me ei teinud seda täielikult 90. aastatel, ja seetõttu peame selle lõpetama nüüd," ütles endine IPN president Lukasz Kaminski, kes juhtis uue monumente puudutava seadusandluse loomist, RFE/RL-ile 6. oktoobril 2017.
3. The location of Estonia was one the Northernmost outpost of the Hanseatic League, it was the border of the Soviet Union towards the democratic Scandinavia and currently is the eastern border of the European Union towards Russia.
Eesti asukoht oli Hansa Liidu põhjapoolseimaks lüliks, samuti ka Nõukogude Liidu piiriks demokraatliku Skandinaavia suunas ning on praegu Euroopa Liidu idapiiriks Venemaa suunas.
4. Gianni Vattimo, *"The End of Modernity"*, trans. / tõlk. Jon R. Synder; Oxford: Blackwell Publishers, 2002.
5. Walter Benjamin, "The Work of Art in the Age of Mechanical Reproduction", in *"Illuminations"*, ed. / toim. Hannah Arendt, trans. / tõlk. Harcourt Brace Jovanovich; New York: Schocken Books, 1968, p. / lk 239.
6. Adolf Loos, "Architecture", 1910, trans. / tõlk. Hilde Heinen, in *"Architecture and Modernity. A Critique"*, Cambridge: The MIT Press, 1999, p. / lk 108.
7. Mario Carpo, "The Postmodern Cult of Monuments" in *"Future Anterior"*, Volume IV, Number 2 Winter 2007, Minneapolis: University of Minnesota Press.
8. Robert Musil, "Monuments", in *"Selected Writings: Robert Musil"*, ed. / toim. Burton Pike, Joel Agee; New York: Continuum, 1995, pp. / lk 320–321.
9. Michel Foucault, *"The spectacle of the Scaffold"*, London: Penguin, 2008.
10. Judith Butler, *"Towards a Performative Theory of Public Assembly"*, Cambridge: Harvard University Press, 2015, p. / lk 70.
11. Hannah Arendt, *"The Human Condition"*, Chicago: University of Chicago Press, 1973.
12. *"Keskkonnad, Projektid, Kontseptsioonid: Tallinna Kooli arhitektid 1972–1985"*, ed. / toim. Andres Kurg, Mari Laanemets; Tallinn: Eesti Arhitektuurimuuseum, 2008, p./lk 180.
13. Le Corbusier, *"The City of To-morrow and its Planning"*, trans. Frererick Etchells; New York: Dover Publications Inc. 1987, p. / lk 37.

Bibliography

Marek Tamm, *"Monumentaalne ajalugu"*, Tallinn: Loomingu Raamatukogu 28–30, 2012.

Mart Kalm, *"Eesti 20. sajandi arhitektuur"*, Tallinn: Prisma Prindi Kirjastus, 2001.

"Keskkonnad, Projektid, Kontseptsioonid: Tallinna Kooli arhitektid 1972–1985", ed. / toim. Andres Kurg, Mari Laanemets; Tallinn: Eesti Arhitektuurimuuseum, 2008.

Hasso Krull, *"Katkestuste kultuur"*, Tallinn: Vagabund, 1996.

Hannah Arendt, *"The Human Condition"*, Chicago: University of Chicago Press, 1973.

Walter Benjamin, "The Work of Art in the Age of Mechanical Reproduction", in *"Illuminations"*, ed. / toim. Hannah Arendt, trans. / tõlk. Harcourt Brace Jovanovich; New York: Schocken Books, 1968.

Judith Butler, *"Towards a Performative Theory of Public Assembly"*, Cambridge: Harvard University Press, 2015.

Mario Carpo, "The Postmodern Cult of Monuments" in *"Future Anterior"*, Volume IV, Number 2 Winter 2007, Minneapolis: University of Minnesota Press.

Kenneth Frampton, *"Modern Architecture: A Critical History"*, London: Thames and Hudson, 1992, pp. / lk 210–224.

Françoise Choay, *"The Invention of the Historic Monument: On the developments of the notion of monuments during the romantic period"*, trans. / tõlk. Lauren M. O'Connel; Cambridge: Cambridge University Press, 2001.

Hilde Heinen, *"Architecture and Modernity. A Critique"*, Cambridge: The MIT Press, 1999, pp. / lk 75–95.

Lewis Mumford, "The Death of the Monument", in *"Circle: International Survey of Constructive Art"*, ed. / toim. J.L Martin, Ben Nicholson, Naum Gabo; London: Farber and Farber, 1937, pp. / lk 263–270.

Robert Musil, "Monuments", in *"Selected Writings: Robert Musil"*, ed. / toim. Burton Pike, Joel Agee; New York: Continuum, 1995.

Gianni Vattimo, *"The End of Modernity"*, trans. / tõlk. Jon R. Synder; Oxford: Blackwell Publishers, 2002.

Towards Another Rhetoric: Or the Importance of Thinking the Weak Monument

Tom Avermaete

Uue retoorika poole ehk nõrgale monumendile mõtlemise tähtsusest

Tom Avermaete

The expression 'weak monument' might at first sight seem a *contradictio in terminis*.[1] It provokes questions as: is it possible to think the monument beyond the idea of a strong and explicit index in the built environment? Is the monument at all a category that is worth our attention in the architectural practice of today? And what is the role and importance of an exploration of the 'weak monument' for contemporary architectural culture?

One way to start answering these questions might emerge from a closer look at the way that we conceive of the monument in contemporary architectural culture. It is somewhat of an understatement to claim that we hold a very thin definition of the monument in nowadays architectural theory and practice. A short glance at the essay "The Modern Cult of Monuments: Its Essence and Its Development" published in 1903 by the Austrian art historian Alois Riegl illustrates that more than a century ago architectural culture possessed of a very nuanced and varied set of conceptions of the monument.[2] Riegl defined the monument straightforwardly as "a work of man erected for the specific purpose of keeping particular human deeds or destinies (or a complex accumulation thereof) alive and present in the consciousness"[3] but he also maintained that monuments could have simultaneously commemorative, artistic and historic value. In modern times, Riegl added, it was important to complement the idea of a deliberate monument with that of an unintentional monument. Whereas in the case of the deliberate monument the commemorative value is dictated to us by the creator, in the case of the unintentional monument, it is "we modern viewers, rather than the works themselves by virtue of their original purpose [who] assign meaning and significance to a monument."[4]

When we compare Riegl's theories with the definitions of the monument that architects and theoreticians hold nowadays, it seems that our conceptual register has become immensely restrained. Contemporary architectural culture appears to hold very bold conceptions

"Nõrk monument" võib esmapilgul tunduda *contradictio in terminis*[1], mis tekitab mitmeid küsimusi. Kas on võimalik mõtestada monumenti kaugemale jõulisest ja eksplitsiitsest tähisest ehitatud keskkonnast? Kas monument üldse moodustab kategooria, mis vääriks tähelepanu tänapäeva arhitektuuris? Ning milline on "nõrga monumendi" käsitlemise roll või mis tähtsust see omab arhitektuuri kontekstis?

Üks võimalus leida nendele küsimustele vastuseid on vaadelda lähemalt monumendi kuvandit nüüdisaegses arhitektuuris. On ehk enamgi kui tagasihoidlik väita, et tänapäevases arhitektuuriteoorias ja -praktikas on monument väga pinnapealselt määratletud. 1903. aastal avaldatud Austria kunstiajaloolase Alois Riegli essee "*The Modern Cult of Monuments: Its Essence and Its Development*" ("Modernne monumendikultus: essents ja areng") kirjeldab enam kui sajanditaguse arhitektuuri nüansirikkaid ning mitmekülgseid kontseptsioone monumendist.[2] Riegl defineeris monumendi lihtsalt kui "selge eesmärgiga püstitatud inimese kätetöö, mis hoiab konkreetseid inimtegusid või -saatusi (või mõlema kogumit) elavana meie teadvuses"[3], kuid ta väitis ka, et monumendid võivad üheaegselt omada nii mälestuslikku, kunstilist kui ka ajaloolist väärtust. Riegl lisas, et oluline on täiendada kavandatud monumendi kontseptsiooni ettekavatsemata monumendi omaga. Kui kavandatud monumendi mälestusliku väärtuse kirjutab ette selle looja, siis ettekavatsematu puhul "anname monumendile tähenduse ja tähtsuse pigem meie, tänapäeva vaatlejad, kui teos ise ning selle algne eesmärk."[4]

Kui võrrelda Riegli teooriaid definitsioonidega, mida arhitektid ja teoreetikud tänapäeval monumendi kohta kasutavad, siis tundub see kontseptuaalne register erakordselt piiratud. Nüüdisaegne arhitektuuripraktika näib evivat väga julget kontseptsiooni, mis tõmbab võrdusmärgi monumendi ja

in which the monument is paralleled with the permanent (time dimension), the colossal (appearance dimension) and the theatrical (symbolic dimension). The celebration of the perennial nature of 'the urban artifact' by Aldo Rossi, of the impressiveness of 'bigness' by Rem Koolhaas, and of the semiotics of 'the duck' and 'the decorated shed' by Robert Venturi and Denise Scott Brown are the exemplary expressions of this specific understanding of the monument.[5] Generally spoken, contemporary architectural culture has difficulties with conceiving of what I would call the 'rhetoric of architecture'; with architecture's capacity to address, affect or persuade the public. In the Renaissance, the question of rhetoric was commonplace in architecture. The way that architecture addressed the perceiver or user was a central question for designers and theoreticians alike. Many architects worked with forms and ornaments that functioned as mnemonic devices, "enabling an observer to decipher and forge new associations among the things and words displayed. [...] In sum, architecture and its ornament were the furniture and food for thought."[6]

In the 20th century the capacity to deal with the rhetoric of architecture seems to have—sometimes intentionally—weakened. In a publication with the telling title "Without Rhetoric" Peter and Alison Smithson write: "At a time when our sets of value were still determined by the church and the monarchy, and later by local governments and banks, it was important to demonstrate this power in the construction of buildings. Now that we are simultaneously influenced by many different factors, the time is over for any rhetoric in individual buildings."[7] With their text Alison and Peter Smithson pointed to a broader development in 20th century architecture that gradually distanced itself from the question of rhetoric and the related architectural figure of the monument. In 1943, José-Luis Sert, Fernand Léger and Sigfried Giedion had already noted in their essay "Nine Points About Monumentality" that "the last hundred years have

püsivuse (ajaline dimensioon), kolossaalsuse (väljanägemise dimensioon) ning teatraalsuse (sümboolne dimensioon) vahele. Sellise tõlgenduse iseloomulikeks näideteks on Aldo Rossi käsitlus "linnalise artefakti" (ing *urban artifact*) pidevusest, Rem Koolhaasi "suuruse" sisendusjõulisus ning Robert Venturi ja Denise Scott Browni "pardi" ja "dekoreeritud kuuri" (ing *decorated shed*) semiootika.[5] Üldistades võib öelda, et nüüdisaegsel arhitektuuripraktikal on raske mõista n-ö arhitektuuri retoorikat—tunda ära seda arhitektuuri külge, mis suudab avalikkust kõnetada ja mõjutada. Renessanssi ajastul oli küsimus retoorikast arhitektuuris iseenesestmõistetav. Viis, kuidas arhitektuur kõnetas vaatlejat või kasutajat, oli keskseks lähtepunktiks nii disaineritele kui ka teoreetikutele. Paljud arhitektid töötasid vormide ja ornamentidega, kasutades neid mnemooniliste vahenditena, mis "võimaldasid vaatlejal lahti mõtestada ja kujundada uusi assotsiatsioone kujutatud elementide ja sõnade vahel. [...] Kokkuvõttes, arhitektuur ja *selle ornament* andsid mõtetele raamid ning sisu."[6]

Näib, et 20. sajandil on suutlikkus arhitektuuri retoorikaga tegeleda raugenud ja mõnikord on seda tahtlikult nõrgestatud. Paljuütleva pealkirjaga publikatsioonis "*Without Rhetoric*" ("Retoorikata") arutlevad Peter ja Alison Smithson: "Ajal, mil meie väärtushinnangud olid kindlaks määratud kiriku ja monarhia ning hiljem kohalike omavalitsuste ja pankade poolt, oli oluline selle võimu demonstreerimine ehitiste püstitamise kaudu. Nüüd mõjutavad meid samaaegselt väga paljud tegurid ning ajad, mil üksik hoone võis kanda mingit retoorikat, on möödas."[7] Alison ja Peter Smithson viitasid oma kirjutises laiematele arengutele 20. sajandi arhitektuuris, mis vähehaaval distantseeris ennast retoorika küsimusest ning sellega seonduvast monumendi arhitektuursest kujundist. Juba 1943. aastal täheldasid José-Luis Sert, Fernand Léger ja Sigfried Giedion oma essees "*Nine points*

seen the devaluation of monumentality" and that "this decline and this misuse of monumentality is the principle reason why modern architects have deliberately disregarded the monument".[8] The nine points of Sert, Léger and Giedion seem not to have lost their value. On the contrary, they read as a report of the difficult relation that 20th and 21th century architecture maintain with the question of rhetoric. While Robert Venturi could in 1966 still claim that: "The rhetorical element [...] is infrequent in recent architecture [...] rhetoric offends orthodox Modern architecture's cult of the minimum", today the issue seems not the absence of rhetoric but rather our restricted understanding of the category.[9]

Unlearning the Monument
The notion of the 'weak monument' as presented in this volume seems to be an attempt to start widening again our conception of the monument and the issue of rhetoric in architecture. To be more precise, the present project is an exercise in what economists Bo Hedberg and Paul Nystrom have defined as 'unlearning'. Hedberg suggests that "knowledge grows, and simultaneously it becomes obsolete as reality changes. Understanding involves both learning new knowledge and discarding obsolete and misleading knowledge".[10] Nystrom defines unlearning as "[...] the process of reducing or eliminating pre-existing knowledge or habits that would otherwise represent formidable barriers to new learning."[11]

Weak Monument seems to be an experiment in unlearning the restricted definitions of the monument that we hold, to replace them by a much wider panorama of possibilities, that might have always been there in the first place. Such an unlearning implies in the first place taking a distance of the canonical definitions. It involves questioning these definitions and discarding them—at least partially—to open up a ground for the emergence of more expanded conceptions. Weak Monument is an attempt to scrutinise some of the most primary

about monumentality" ("Üheksa mõtet monumentaalsusest"), et "viimased sada aastat on toimunud monumentaalsuse väärtuse vähenemine" ja et "selline langus ning monumentaalsuse väärkasutus on peamiseks põhjuseks, miks tänapäeva arhitektid on tahtlikult monumendi kõrvale jätnud."[8] Serti, Légeri ja Giedioni üheksa punkti ei näi olevat kaotanud oma väärtust. Vastupidi, need toovad esile 20. ja 21. sajandi arhtektuuri ja selle retoorika vahelised keerulised suhted. Kui 1966. aastal võis Robert Venturi endiselt väita, et "viimasel ajal on retooriline element [...] leidnud arhitektuuris vähest kasutust [...], retoorika riivab ortodoksse modernistliku arhitektuuri minimalismi kultust", siis nüüd ei näi probleem olevat retoorika puudumises, vaid meie piiratud arusaamas sellest.[9]

Monumendist õpitut lahti lastes
Käesolev raamat käsitleb "nõrga monumendi" mõistet kui püüet taasalustada monumendi kontseptsiooni laiendamist ning tõstatada uuesti retoorika küsimus arhitektuuris. Täpsemalt on see projekt harjutus, mida majandusteadlased Bo Hedberg ja Paul Nystrom on defineerinud teadmistest lahtilaskmisena (ing *unlearning*). Hedberg ütleb, et "teadmised suurenevad ning samal ajal aeguvad, sest reaalsus muutub. Arusaamine tähendab uute teadmiste omandamist ning iganenud ja eksitavate teadmiste kõrvaleheitmist".[10] Nystrom defineerib teadmistest lahtilaskmist kui "… taandamise protsessi või eelnevate teadmiste ja harjumuste kõrvaleheitmist, mis muidu kujutaksid endast märkimisväärseid takistusi uue õppimisel."[11]

"Nõrk monument" projektina eksperimenteerib monumendi piiratud definitsioonide unustamisega, asendades need laiema hulga võimalustega, mis on ehk tegelikult kogu aeg olemas olnud. Taoline teadmistest lahtilaskmine kätkeb endas esmalt distantseerumist normatiivsetest definitsioonidest, mis

conceptualisations on the architectural category of the monument in order to complement them with new rhetoric perspectives.

Transience

A first perspective that Weak Monument dissects, is the common believe that the monument gains rhetoric power through its resistance of time. Throughout the 20th century architecture has been cast as heroic matter that can withstand natural, social and economic changes. Monuments have often been understood as the celebration of this resistance. The architectural theoretician Alberto Perez-Gomez for instance defines monumentality as "a materialized record or trace of this resistance".[12] In his seminal essay "The Death of the Monument" Louis Mumford already announced the incompatibility of this perennial definition of the monument with modern times. "The notion of a modern monument is veritably a contradiction in terms," he wrote. "If it is a monument it is not modern, and if it is modern, it cannot be a monument."[13] In Mumford's view, the monument defied the very essence of modern urban civilisation: the capacity for renewal and rejuvenation. Where modern architecture invites the perpetuation of life itself, encourages renewal and change, and scorns the illusion of permanence, Mumford wrote, "stone gives a false sense of continuity, and a deceptive assurance of life."[14]

The notion of 'weak monument' changes our perspective and alludes to the role and character of transience in architecture. It points to the possibility of thinking the time dimension in architecture not only as a matter of resistance but also as the celebration of the fleeting and the ephemeral. Against this background Juhani Pallasmaa has drawn our attention to the capacity of natural materials to express a structure's age and history as well as the tale of its origin and use, while David Leatherbarrow and Mohsen Mostafavi have suggested that the most direct level of acceptance of time encompasses the idea of weathering of material as "a form of completion" in architecture.[15]

---

hõlmab nende määratluste küsitavaks muutmist ning nende—vähemalt osalist—kõrvaleheitmist, et luua võimalused laiendatud kontseptsioonide tekkimiseks. "Nõrk monument" vaatleb põhjalikult mõningaid peamisi arhitektuurseid monumendi käsitlusi, et neid läbi uute retooriliste vaatenurkade täiendada.

Mööduvus

Esiteks, analüüsib "Nõrk monument" laialt levinud arusaama, et monument omandab retoorilise jõu tänu ajalisele püsivusele. 20. sajandil on püütud luua kuvand arhitektuurist kui sangarlikust ainesest, mis suudab vastu pidada looduslikele, sotsiaalsetele ja majanduslikele muutustele. Monumente on sageli käsitletud selle vastupanuvõime tähistajatena. Arhitektuuriteoreetik Alberto Perez-Gomez näiteks defineerib monumentaalsuse "selle vastupanu materialiseeritud jäljena".[12] Oma essees "The Death of the Monument" ("Monumendi surm") ütleb Louis Mumford välja sellise püsiva monumendi definitsiooni sobimatuse modernses maailmas. Ta kirjutab: "Modernse monumendi mõiste kätkeb endas vastuolu." ja "Kui see on monument, siis see ei saa olla modernne, ja kui see on modernne, siis ei saa see olla monument."[13] Mumfordi arvates eirab monument tänapäeva linnalise ühiskonna põhiolemust, selle võimet uueneda ja nooreneda. Kui arhitektuur kutsub üles elu alal hoidma, julgustab uuenemist ja muutusi ning põlgab ära püsivuse illusiooni, siis Mumford kirjutab, et "kivi annab edasi näilise tunde järjepidevusest ning petliku tagatise elule."[14]

"Nõrga monumendi" mõiste pakub välja uue vaatenurga, vihjates mööduvusele ja selle rollile arhitektuuris. See osutab võimalusele mõtelda aja dimensioonile arhitektuuris, keskendudes mitte ainult vastupidavuse küsimusele vaid hinnates ka lühiajalisust ja kaduvust. Sellest johtuvalt on Juhani Pallasmaa juhtinud tähelepanu looduslike materjalide võimele väljendada struktuuri vanust ja

According to sociologist Edgar Morin, architecture should be thought in relation to transience, in the midst of the processes of transformation and the phenomena of irreversible time. He suggests: "It is in the context of irreversible decomposition of the organized, the inevitable degradation of the built, the sure ruin of buildings, that the bases of theory [...] must be established, one that takes into account the environments' need for a continuous supply of materials and energy to allow it to repair the damages of time and chance, reconstruct its form, regenerate its original confirmation or adapt it to new needs."[16] It is this transient capacity of architecture that Weak Monument places again at the centre of our attention.

Absence
A second perspective that Weak Monument questions, is the relation between the rhetoric power of the monument and its explicit formal and material presence. The monument has often been understood as fully depending on this capacity 'to be present'. The English architect James Stirling wrote, for instance, that: "For me, monumentalism has nothing to do with size or style, but entirely to do with presence—thus a chair could be monumental."[17] Writing about the Centre Pompidou in Paris, Reyner Banham maintained in the same vain that much of its monumental quality depended upon "its full physical presence [as] a daunting experience. For it is a menacing building which stands like a man in full armour in a room full of civilians—indeed the glittering, rounded form of the outboard escalators gives a suggestion of greaves."[18] For Stirling and Banham the nature of the monument depended largely upon its material and formal presence.

Weak Monument directs us towards the possibility of an understanding of architecture as a matter of meaningful absence. Many examples in this book illustrate that a building or structure can become a marker in the collective memory because it engages with absence. The idea that in the field of architecture the absence of material does

ajalugu ning samas ka selle päritolu ja kasutust, samas kui David Leatherbarrow ja Mohsen Mostafavi väidavad, et kõige otsesem viis aja kulu aktsepteerimiseks arhitektuuris hõlmab ideed mõtelda materjali kulumisest valmissaamise protsessi ühe osana.[15] Sotsioloog Edgar Morini väitel tuleks arhitektuuri käsitleda seoses mööduvusega, osana muutuste kulgemisest ning aja pöördumatusest: "Teooria alused tuleb luua organiseeritu pöördumatu lagunemise, ehitatu vältimatu allakäigu, hoonete kindla hävinemise kontekstis. Need on alused, mis arvestavad keskkonna vajadust pideva materjalide ja energia tagavara järele, et oleks võimalik parandada aja ja juhusega kaasnevaid kahjustusi, rekonstrueerida vorme, uuendada algseid väljendusi või kohandada neid uutele vajadustele."[16] See on see arhitektuuri kaduv võime, mille "Nõrk monument" tõstab taas tähelepanu keskmesse.

Äraolek
Teine vaatenurk, mille "Nõrk monument" kahtluse alla seab, on seos monumendi retoorilise jõu ja selle selge formaalse ning materiaalse kohaloleku vahel. Monumenti on sageli mõistetud kui midagi, mis sõltub täielikult oma võimest n-ö kohal olla. Inglise arhitekt James Stirling on öelnud: "Minu jaoks ei ole monumentidel mingit pistmist suuruse või stiiliga, vaid lihtsalt kohalolekuga—seega saab ka tool olla monumentaalne."[17] Kirjutades Pariisi Pompidou keskusest, püsib Reyner Banham analoogse arvamuse juures, et suur osa keskuse monumentaalsusest põhineb "selle füüsilise kohaoleku hirmutaval kogemusel. Tegemist on kurjakuulutava hoonega, mis seisab justkui täies relvis mees tsiviilisikuid täis ruumis—tõepoolest, need säravad, ümara kujuga väliseskalaatorid meenutavad turvist."[18] Stirlingu ja Banhami jaoks sõltub monumendi olemus suuresti selle materjalist ja vormilisest kohalolekust.

not necessary coincide with an absence of meaning, was theorised by Jacques Derrida and Peter Eisenman in their joint work "Chora L Works".[19] In this publication the philosopher and the architect were literally introducing holes. Each of the holes were formed by the absence of paper and each marks the nonexistence of a section of the text. However, Derrida and Eisenman illustrate that this does not imply an absence of meaning. Quite on the contrary, at the occasion of each hole, each absence of matter, the reader can either identify the missing word or select a new one. In relation to this powerful meaning of absence, Eisenman remarks: "Traditionally in architecture presence is solid and absence void whereas in textual terms—that is a system of presences and absences—a void is as much a presence as a solid."[20] Weak Monument points to this strong semantic presence of absence; to what Alison and Peter Smithson have coined as the capacity of architecture to act as a 'charged void' with "the capacity to charge the space around it with an energy which can join up with other energies, [to] influence the nature of things that might come."[21]

Implicitness
That the rhetoric power of the monument has often been equalled with explicitness and theatricality, is a third perspective that Weak Monument tackles. In architecture there is a long tradition, dating back to the French architects of the eighteenth-century revolutionary period such as Claude Nicolas Ledoux, Étienne-Louis Boullée, and Jean-Jacques Lequeu, that equals the monument with an *architecture parlante*.[22] As Emil Kaufmann has illustrated, in Ledoux's unbuilt plans for the salt-producing town of Chaux this explicit speaking quality of architecture reached its high: the hoop-makers' houses are shaped like barrels, the river inspector's house straddles the river, and an enormous brothel takes the shape of an erect phallus.[23] Karsten Harries has claimed that "Ledoux's *architecture parlante* is an architecture of ducks."; referring to the famous differentiation

"Nõrk monument" suunab mõtlema arhitektuurist äraoleku tähenduslikkuse kaudu. Mitmed raamatus toodud näited illustreerivad hoone või struktuuri võimet saada tähenduslikuks kollektiivse mälus, kuna suhestuvad puudumisega. Mõte, et arhitektuuris ei kattu materjali puudumine tingimata tähenduse puudumisega, oli osa Jacques Derrida ja Peter Eisenmani ühistööst *"Chora L Works"* ("Chora L Tööd"), kus filosoof ja arhitekt sõna otseses mõttes esitlesid auke.[19] Iga augu moodustas paberi puudumine ja iga auk tähistas mõne tekstilõigu mitteeksisteerimist. Ometi näitavad Derrida ja Eisenman, et see ei tähenda tähenduse puudumist. Pigem vastupidi: iga augu puhul, iga kord kui puudus mateeria, võis lugeja kas tuvastada puuduva sõna või valida uue. Seoses sellise jõulise käsitlusega puuduva tähendusest märgib Eisenman: "Traditsiooniliselt on arhitektuuris kohalolek tahke ning äraolek tühi, samas kui tekstilises mõttes—mis on kohalolekute ja äraolekute süsteem—on tühik samal määral kohal nagu tahke aines."[20] "Nõrk monument" viitab äraoleku selgele semantilisele olemusele, mille Alison ja Peter Smithson on sõnastanud arhitektuuri omadusena toimida *"laetud tühjusena"* (ing *charged void*), millel on "võime laadida enda ümber olevat ruumi energiaga, mis suudab liituda teiste energiatega, [selleks et] mõjutada tulla võivate asjade olemust."[21]

Kaudsus
Kolmas aspekt, millega "Nõrk monument" tegeleb, on monumendi retoorilise jõu sagedane võrdsustamine selgesõnalisuse ja teatraalsusega. Arhitektuuris on pikk traditsioon võrdsustada monumenti *architecture parlante*ga (kõneleva arhitektuuriga), ulatudes tagasi 18. sajandi revolutsioonilise perioodi prantsuse arhitektide Claude Nicolas Ledoux, Etienne-Louis Boullee ja Jean-Jacques Lequeuni.[22] Emil Kaufmann on kirjeldanud Ledoux realiseerimata Chaux soolatööstuse linna plaane, kus kõneleva

between 'the duck' and 'decorated shed' that Robert Venturi and Denise Scott-Brown introduced to qualify two dominant forms of architectural explicitness in the second half of the 20th century. In the case of the 'the duck', the form of the building and the symbolic message coincide, while in the case of the 'decorated shed', building and symbol remain separate—as a cartoon of a box-like building with the sign "I am a monument" illustrates. What binds the duck and the decorated shed is their inept reliance on architectural explicitness.

Weak Monument points to a different set of architectural approaches in which not so much the explicit gesture, but rather a modest and withdrawn attitude is centre stage. It opens a perspective for conceiving of a meaningful architecture that is more implicit and even silent. It is most probably the Swiss philosopher Max Picard who has recently most convincingly argued that in our era "nothing has changed the nature of man so much as the loss of silence."[24] Picard underlines the importance of architecture's capacity to meaningfully engage with silence: "The colonnades of the Greek temples are like boundary lines along the silence. They become even straighter and even whiter as they lean against the silence."[25] Picard speaks of cathedrals as 'museums of silence' and of Greek temples as 'vessels' or 'white islands of silence'. Weak Monument seems to point to this quality of architecture to remain implicit and silent, but meanwhile acquire great meaning. Juhani Pallasmaa has described this as "the drama of tranquillity. Great architecture is petrified stillness, silence turned into matter. As the racket and clatter of construction work has faded, as the shouting of the workers has ceased, the building turns into a timeless monument of soundlessness."[26] This capacity to think of an architecture that is without sound but nevertheless speaks to its users, is also what Alvar Aalto pursued speaking of design as the "fortification of silence".[27] Weak Monument illuminates this capacity of architecture to imply something and to make it understood, without explicating.

arhitektuuri olemus oli välja toodud kõrgemail tasemel: tünnivitste valmistajate majad olid tünnikujulised, jõe inspektori maja asetses jõe kohal ning üüratu lõbumaja oli erekteerunud fallose kujuline.[23] Karsten Harries väitel on Ledoux *architecture parlante* partide arhitektuur, viidates Robert Venturi ja Denise Scott-Browni tutvustatud tuntud "pardi" ja "dekoreeritud kuuri" vahelisele erisusele, mis määratles kahte 20. sajandi teisel poolel domineerinud arhitektuurilise selgesõnalisuse vormi. Kui "pardi" puhul langevad hoone kuju ja selle sümboolne sõnum kokku, siis "dekoreeritud kuuri" korral on hoone ja sümbol lahus—seda illustreerib karikatuur karbikujulisest hoonest, millel on silt "See on monument". "Parti" ja "dekoreeritud kuuri" seob nende kohmakas toetumine arhitektuuri eksplitsiitsusele.

"Nõrk monument" osutab teistsugustele arhitektuursetele lähenemistele, milles ei ole keskel kohal mitte niivõrd selgelt väljendatud žest, vaid ettevaatlik ning tagasihoidlik hoiak. See avab perspektiivi tähendusrikkale arhitektuurile, mis on rohkem kaudne ning vaikiv. Tõenäoliselt on see Šveitsi filosoof Max Picard, kes on hiljuti kõige veenvamalt põhjendanud, et meie ajastul "ei ole inimloomust muutnud miski rohkem kui vaikuse kaotus".[24] Picard täheldab, et arhitektuuril on võime vaikusega tähendusrikkalt suhestuda: "Kreeka templite sammastikud on justkui piirjooned vaikusele, need näivad vaikuse vastu nõjatudes isegi sirgemad ja valgemad."[25] Ta kirjeldab katedraale "vaikuse muuseumitena" ning Kreeka templeid "anumatena" või "vaikuse valgete saartena". "Nõrk monument" viitab arhitektuuri omadusele vaikida ning jääda varjatuks, kuid samas olla tähenduslik. Juhani Pallasmaa on kirjeldanud seda kui "rahu ja vaikuse draamat. Suurepärane arhitektuur on kivistunud vaikus, materialiseerunud häältetus. Kui ehituse mürgel ja kolin on lakanud, kui töömeeste hääled on vaibunud, muutub hoone

Commonplace

A fourth perspective that Weak Monument examines, is the connection between the rhetorical power of the monument and its extraordinary status in the city or territory. The monument has often been paralleled with what is exceptional and what is withdrawn from the everyday. A good example is Aldo Rossi's definition of the monument as a characteristic urban artefact that is distinguished from the conventional urban fabric of housing: "The monument has permanence because it already exists in a dialectical position within urban development; it is understood in the city as something that arises either at a single point in the city or in an area of the city. […] each with its own individuality."[28] For Rossi, the monument is an artefact that stands out in the city, as well in place as in time.

The 'weak monument' raises the question of the commonplace in the city and its ability to act as a monument. The architectural critic Geert Bekaert has pointed to two seminal authors to understand this monumental quality of the commonplace: Marx and Loos.[29] First, architecture has the capacity to become a monument, because it is communal in the sense that Marx conceived of this word: as a good that is shared by citizens and offers access to the tradition of the ordinary.[30] Out of this perspective commonplace architecture relates people to everyday histories of building and living, and makes them part and parcel of this monumental tradition. Second, commonplace architecture can become a monument because it is three-dimensional and direct. As Loos pointed out, it is the everyday experience of the house of a farmer or of the cobble stones of the street that offer the possibility for many citizens to experience architecture, not as a photographic experience but in its full immediacy. It is this immediacy that establishes according to Bekaert the conditions to turn the commonplace into a locus that has meaning for many and thus receives the status of a monument. This double capacity of the

---

vaikuse ajatuks monumendiks."[26] Idee arhitektuurist, mis on hääletu, aga mis sellegipoolest räägib oma kasutajatega, on ka see, mida Alvar Aalto silmas pidas, rääkides disainist kui "vaikuse kindlustamisest".[27] "Nõrk monument" illustreerib arhitektuuri võimekust olla tähenduslik vihjavalt, kuid samas ka arusaadavalt ilma otseste selgitusteta.

Argisus

Neljandaks uurib "Nõrk monument" linnas või mingil territooriumil asuva monumendi erakorralise staatuse ja selle retoorika vahelisi seoseid. Monumenti on sageli samastatud millegi erilisega, mis hakkab igapäevase keskelt silma. Hea näide on Aldo Rossi monumendi definitsioon, mis sätestab selle iseloomuliku linliku artefaktina, mis eristub harjumuspärasest linlikust koest: "Monument on kestev, sest sellel on linna arengus dialektiline roll; see on miski, mida mõistetakse üksiku punktina linnas või mõnes piirkonnas. […] millest igaühel on oma olemus."[28] Rossi jaoks on monument artefakt, mis paistab linnaruumis silma nii ruumilises kui ka ajalises mõttes.

"Nõrk monument" tõstatab küsimuse argisest linnaruumist, millel on võime toimida monumendina. Arhitektuurikriitik Geert Bekaert viitab kahele autorile, kes on tabanud argisuse monumentaalse omaduse: Marx ja Loos.[29] Esiteks, arhitektuur võib muutuda monumendiks, sellepärast et ta on oma olemuselt kommunaalne Marxi kirjeldatud mõttes: hüve, mis on jagatud linnakodanike vahel ja mis tagab juurdepääsu tavalisuse traditsioonile.[30] Sellest vaatenurgast lähtuvalt aitab tavapärane arhitektuur suhestuda inimestel igapäevaelu ja -hoonete ajalooga ning muudab need ulatuslike traditsioonide osaks. Teiseks võib tavapärane arhitektuur muutuda monumendiks sellepärast, et see on kolmemõõtmeline ja vahetu. Nagu Loos märkis, on just igapäevased kogemused maamajast või munakivitänavast need, mis annavad võimaluse paljudele linnakodanikele

commonplace to achieve the character of a monument is what Weak Monument reveals to us.

Another Rhetoric

The question of the rhetoric of architecture, of its capacity to address perceivers and users, has always been at the centre of architectural reflection. Architects, theoreticians and historians have relentlessly tried to understand and conceptualise this aptitude. In the 18th century, the rhetoric power of architecture was often compared to that of music. The idea was that architecture provoked with the perceiver emotions and feelings in an alike fashion as music. The architect Nicolas Le Camus de Mézière for instance, wrote in his 1780 publication "*Le Génie de l'architecture, ou l'analogie de cet art avec nos sensations*" (in English "The Architecture Genius, or the analogy of this art with our sensations") that when one looks upon a beautiful building, the eyes revel in the same fashion as the ears do when they hear beautiful music.[31]

Another concept to explain the rhetoric quality of architecture was that of architectural poetry. In the 18th century architects like Germain Boffrand relied in his "*Livre de l'architecture*" ("Book of Architecture") on the classical concept of the *ut pictura poesis* (the poetic utterance) by Horatius to capture the rhetoric power of architecture.[32] Boffrand believed that architecture, just as poetry, possessed the poetic capacity to evoke emotion and gain meaning. It was, however, Etienne-Louis Boullée that expressed the parallel between architecture and poetry most clearly, when he stated that: "Our buildings, especially our public buildings, need to be a sort of poems. The images that they offer to our senses need to excite."[33]

Weak Monument seems to place itself in the lineage of this age-old *recherche patiente* into the rhetoric of architecture; into the ways that architecture establishes a semantic relation with the users and the perceivers. However, the essence of the rhetoric quality of

arhitektuuri vahetuks, mitte pelgalt visuaalseks kogemiseks. Bekaerti arvates sätestab selline vahetus tingimused, mis teevad argisest *locuse* (paiga), millel on paljude jaoks tähendus ja millel on seega monumendi staatus. Argise peidetud võime saavutada monumendi staatus on see, mida "Nõrk monument" väljendab.

Uue retoorika poole

Arhitektuuri retoorika, selle võime kõnetada vaatlejaid ja kasutajaid, on alati olnud arhitektuursete mõtiskluste keskmes. Arhitektid, teoreetikud ja ajaloolased on järjekindlalt püüdnud seda omadust mõista ja kontseptualiseerida. 18. sajandil võrreldi arhitektuuri retoorikat sageli muusika omaga. Mõte oli selles, et arhitektuur kutsub vaatlejas esile emotsioone ja tundeid sarnasel moel nagu muusika. Arhitekt Nicolas Le Camus de Mézière kirjutas 1780. aasta väljaandes "*Le Génie de l'architecture, ou l'analogie de cet art avec nos sensations*" ("Arhitektuuri vaim ehk Selle kunsti samataolisus meie tunnetega") sellest, kuidas kauni hoone vaatlemist naudivad silmad samamoodi, nagu kõrvad naudivad kauni muusika kuulamist.[31]

Arhitektuurne luule oli teine kontseptsioon, mis kirjeldas arhitektuuri retoorikat. 18. sajandi arhitekt Germain Boffrand tugines oma "*Livre de l'architecture*" ("Raamat arhitektuurist") Horatiuse klassikalisele *ut pictura poesis* (poeetiline ütlus) kontseptsioonile, et tabada arhitektuuri retoorilist jõudu.[32] Boffrand uskus, et arhitektuuril nagu ka luulel on poeetiline võime emotsioonide esile kutsumiseks. Kõige selgemalt sõnastas paralleeli arhitektuuri ja luule vahel siiski Etienne-Louis Boullée: "Hooned, eriti avalikus kasutuses hooned, peaksid olema omamoodi luuletused. Kujutis, mida nad pakuvad, peab meie meeli erutama."[33]

"Nõrk monument" näib end paigutavat samale joonele traditsioonilise *recherche patientega*, mis puudutab arhitektuuri retoorikat; tõlgendusega,

architecture is no longer sought in its analogy with music or poetry as in the 18th century, though these parallels are not discarded, but rather in the intrinsic and implicit qualities of architecture itself. Weak Monument illustrates that the architectural artefact can induce meaning through processes of transience, absence, implicitness and the commonplace. It is the architectural artefact itself—with its material, formal and spatial presence—that engenders a register of meaning in its own right.

The French sociologist Maurice Halbwachs speaks in this respect of the importance of the *cadre spatial de la memoire*.[34] Halbwachs maintains that the everyday buildings and cities that people frequent, or even learn about in books, movies or other media, function as mental models that direct our understanding of the world and ourselves. He argued that in the interaction with different social groups each individual highlights particular places in this spatial framework of memory. With his family, the homes of its members stand out as landmarks. With his colleagues, it is their office space that takes on special meaning. With the congregation, it is the local church. These common denominators of the group members' *cadre spatial de la memoire* provide shared points of meaning and structure the ways that we understand the built environment.

The explorations of the 'weak monument' in this book seem to point in a similar direction. They illustrate how through a variety of processes and operations *cadres spatial de la memoire* are being constructed. These *cadres spatial de la memoire* do not rely necessarily on the permanent, the colossal and the theatrical but are constructed out of many other dimensions of the built environment including transience, absence, implicitness and the commonplace.

The point of departure of Weak Monument is that in Estonia, there has never been an indigenous tradition of strong monuments, which through explicit rhetorical strategies would have marked the built environment. If we follow Pierre Nora, this is a positive property.

et arhitektuur loob semantilise suhte kasutajate ja vaatlejate vahel. Kuid arhitektuuri retoorilisuse iva ei püüta otsida enam analoogias muusika või luulega nagu 18. sajandil, kuigi nendest paralleelidest ei ole loobutud, vaid pigem arhitektuuri enese sisemistest ja varjatud omadustest. "Nõrk monument" kirjeldab, kuidas arhitektuur võib esile kutsuda tähendusi mööduvuse, äraoleku, kaudsuse ja argisuse kaudu. See on arhitektuurne artefakt ise oma materjali, vormi ja ruumilise kohaloluga, mis loob tähenduste registri iseenesest.

Prantsuse sotsioloog Maurice Halbwachs räägib sama teemaga seoses ruumiliste mälumaastike (pr k *cadre spatial de la memoire*) tähtsusest.[34] Igapäevased hooned ja linnad, mida inimesed sageli kasutavad või millest saab lugeda raamatutest, mida näidatakse filmides või muu meedia vahendusel, funktsioneerivad mentaalsete mudelitena, mis kujundavad meie arusaama iseendast ja maailmast. Halbwachs arutleb, et sotsiaalsete gruppide koostoimimine tõstab ruumilistel mälumaastikel esile konkreetsed kohad. Oma perekonna ja selle liikmete kodud on maamärkideks; kolleegide kontekstis omistatakse eriline tähendus kontoritele ja tööruumidele; koguduse jaoks on sama tähendus kohalikul kirikul. Sellised grupiliikmete jaoks on ühised nimetajad—ruumilised mälumaastikud—jagatud tähenduste aluseks ning struktueerivad ehitatud keskkonna mõistmise viise.

Selles raamatus osutavad nõrga monumendi uurimused samas suunas, kirjeldades, kuidas vahelduvate protsesside ja tegevuste kaudu luuakse ruumilised mälumaastikud, mis ei põhine mitte ainult alalisusel, suurusel ja teatraalsusel, vaid pannakse kokku paljudest teistest ehitatud keskkonna dimensioonidest, kaasa arvatud mööduvus, äraolek, kaudsus ja argisus.

"Nõrga monumendi" lähtepunktiks on tõsiasi, et Eestis puudub tugevate monumentide traditsioon, mis kirjeldaks

After all Nora maintains that "the less memory is experienced from the inside, the more it exists through its exterior scaffolding and outward signs."[35]

The absence of explicit rhetoric becomes out of this perspective a desirable quality. It signalises, according to Nora, a society that actively deals with its important events and thus has no need to externalise them but rather lives with them in their full contingency.

It is out of this perspective, that this work which started in Estonia can provide a perspective that reaches far beyond its own geography and affects contemporary architectural culture at large.

With its insistence on perspectives of transience, absence, implicitness and the commonplace, Weak Monument not only introduces a new set of categories to conceive of the monument but also offers an innovative conceptual horizon to think in a more nuanced way about how contemporary architecture can establish meaning. It is an invitation to architectural culture, both logos and praxis, to engage with another rhetoric.

Tom Avermaete is full professor of architecture at Delft University of Technology, The Netherlands. He has a special research interest in the public realm and the architecture of the city in Western and non-Western contexts. With the chair of Methods and Analysis he focuses on the changing roles, approaches and tools of architects. His research examines precedents—design attitudes, methods and instruments—with the explicit ambition to construct a critical base of design knowledge and to influence contemporary architectural thinking and practice.

---

otseste retooriliste strateegiate kaudu ehitatud keskkonda. Pierre Nora meelest on see positiivne omadus—"mida vähem me kogeme mälu seespidiselt, seda rohkem eksisteerib see väliste tugistruktuuride ning märkide kaudu."[35]

Sõnaselge retoorika puudumine muutub sellest punktist vaadatuna ihaldatavaks omaduseks. Nora hinnangul annab see märku ühiskonnast, mis tegeleb aktiivselt oma tähtsate sündmustega, ja seega ei ole nende eraldi esiletoomine vajalik, sest need on elu integreeritud osa.

Kõige selle taustal võib see Eestist alguse saanud projekt panna aluse vaatenurgale, mis ületab geograafilisi piire ja mõjutab laiemalt nüüdisagset arhitektuurikäsitlust.

"Nõrk monument" rõhutab lähtepunktina mööduvust, äraolekut, kaudsust ja argisust—ja sellisena ei kirjelda see mitte ainult uusi kategooriaid monumendist mõtlemiseks, vaid pakub välja ka innovaatilise viisi mõtestada nüansirikkamalt tänapäeva arhitektuuri võimet tähendusi luua. See on väljakutse—nii teoreetilisel kui praktilisel tasandil—uue retoorikaga suhestumiseks.

Tom Avermaete on professor Delfti Tehnikaülikoolis, Hollandis. Tema erialaseks uurimisvaldkonnaks on linna avalik ruum ja arhitektuur läänemaailmas ja sellest väljaspool. Tema õppetool Methods and Analysis *keskendub arhitekti muutuvatele rollidele, lähenemisviisidele ja töövahenditele. Tema uurimus vaatleb põhjalikult pretsedente—hoiakuid, töömeetodeid ning -instrumente, et ehitada selgesõnaline kriitiline teadmistepõhi ja mõjutada seeläbi tänapäeva arhitektuurset mõtlemist ja praktikat.*

1. ed. / toim.: Vastuoluline termin (ld k); Contradiction in terms (in latin)
2. Riegl, Alois. "The Modern Cult of Monuments: Its Essence and Its Development," in *"Historical and Philosophical Issues in the Conservation of Cultural Heritage"*, trans. / tõlk. Karin Bruckner with Karen Williams, eds. / toim. Nicholas Stanley Price, Mansfield Kirby Talley, et al. (Los Angeles: Getty Conservation Institute, 1996), 69. First published / esimene trükk 1903.
3. Ibid.
4. Ibid., 72.
5. Rossi, Aldo. *"The Architecture of the City"*. New York: MIT Press, (1966),1982; Koolhaas, Rem, Bruce Mau, and Jennifer Sigler. *"Small, Medium, Large, Extra-Large"*. New York, NY: Monacelli Press, 1998; Venturi, Robert, Denise S. Brown, and Steven Izenour. *"Learning from Las Vegas"*. Cambridge, Mass: The MIT Press, 1972.
6. Kirkbride, Robert. "Ornament and the Mind", accessed / külastatud 13.03.2018, http://parsons-interiorwork.org/ornament-and-the-mind/.
7. Smithson, Alison, and Peter Smithson. *"Without Rhetoric: An Architectural Aesthetic", 1955–1972*. Cambridge, Massachusetts: MIT Press, 1974.
8. José Luis Sert, Fernand Léger, and Sigfried Giedion, "Nine Points on Monumentality" (1943) in Ockman, Joan, and Edward Eigen. *"Architecture Culture 1943–1968: A Documentary Anthology"*. New York: Rizzoli, 2007, pp. / lk 29–30.
9. Venturi, Robert. *"Complexity and Contradiction in Architecture"*. New York: Museum of Modern Art, 1966, p. / lk 40.
10. Nystrom, Paul, and William Starbuck. *"Handbook of Organizational Design: Adapting Organizations to Their Environments"*. Oxford: Oxford Univ. Press, 1984, p. 3.
11. Newstrom, John W. "The Management of Unlearning: Exploding the "clean Slate" Fallacy." *Training and Development Journal*. 37.8 (1983), p. / lk 36.
12. Pérez-Gómez, Alberto, and Stephen Parcell. *"Chora 7: Intervals in the Philosophy of Architecture"*. Montreal: MQUP, 2016, p. / lk 15.
13. Mumford, Lewis. "The Death of the Monument," in *"Circle: International. Survey of Constructive Art"* (London: Faber and Faber, 1937), p. / lk 265.
14. Ibid.
15. Pallasmaa, Juhani. *"The Eyes of the Skin: Architecture and Senses"*. Chichester, West Sussex, UK: Wiley, 2012, 31; Mostafavi, Mohsen, and David Leatherbarrow. *"On Weathering: The Life of Buildings in Time"*. Cambridge, Mass: MIT Press, 2001.
16. Morin, Edgar. *"La Nature De La Nature"*. Paris: Éditions du Seuil, 1981. Op cit. Fernández-Galiano, Luis. *"Fire and Memory: On Architecture and Energy"*. Cambridge, Massachusetts: MIT Press, 2000, p. / lk 64.
17. Stirling, James. "The Monumentaly Informal" in: Avermaete, Tom, Klaske Havik, and David MacKay. *"Architectural Positions: Architecture, Modernity and the Public Sphere"*. Amsterdam: SUN, 2009, p. / lk 205.
18. Banham, Reyner. Partridge, John. "Pompidou can not be perceived as anything but a monument", The Architectural Review, May 1977, p. / lk 78.
19. Eisenman, Peter, Jacques Derrida, Jeffrey Kipnis, and Thomas Leeser. *"Chora L Works: Jacques Derrida and Peter Eisenman"*. New York: Monacelli Press, 1997.
20. Eisenman, Peter, Jacques Derrida, Jeffrey Kipnis, and Thomas Leeser. *"Chora L Works: Jacques Derrida and Peter Eisenman"*. New York: Monacelli Press, 1997, p. / lk 7.
21. Smithson, Alison M, and Peter Smithson. *"The Charged Void: Architecture"*. New York: Monacelli Press, 2002.
22. Kaufmann, Emil. "Three Revolutionary Architects: Boullée, Ledoux and Lequeu." in *"Transactions of the American Philosophical Society: Held at Philadelphia for Promoting Useful Knowledge"*. (1952), p. / lk 447.
23. Kaufmann, Emil. *"Architecture in the Age of Reason: Baroque and Post-Baroque in England, Italy, and France."* Cambridge, Mass: Harvard University Press, (1955) 2013, p. / lk 130, 251.
24. Picard, Max. *"The World of Silence."* Wichita, Kan: Eighth Day Press, 2002, p. / lk 51.
25. Ibid, p. / lk 52.
26. Bermúdez, Julio. *"Transcending Architecture: Contemporary Views on Sacred Space."* Washington, D.C: Catholic Univ. of America Press, 2015, p. / lk 29
27. Bermúdez, Julio. *"Transcending Architecture: Contemporary Views on Sacred Space."* Washington, D.C: Catholic Univ. of America Press, 2015, p. / lk 30.
28. Rossi, Aldo. *"The Architecture of the City."* New York: MIT Press, (1966),1982, p. / lk 92, 127
29. Bekaert, Geert, "Belgian architecture as commonplace. The absence of an architectonic culture as a challenge", *Wonen-TA/BK* , nr.9, 1987, pp. / lk 10–11.
30. Christophe van Gerrewey, "A discipline without a country. Geert Bekaert and universal architecture (in Belgium)", Proceedings of the Conference – Theoretical Currents: Architecture, Design and the Nation (2010), accessed / külastatud 13.03.2018, https://biblio.ugent.be/publication/1043336/file/1043342.pdf
31. Le, Camus M. N. *"Le Génie De L'architecture, Ou, L'analogie De Cet Art Avec Nos Sensations."* Paris: Hachette Livre, (1780), 2012.
32. Boffrand, Germain. *"Livre D' Architecture: Contenant Les Principes Generaux De Cet Art, Et Les Plans, Elevations Et Profils De Quelques-Uns Des Batimens Faits En France Et Dans Les Pays Etrangers ... ; Ouvrage François Et Latin, Enrichi De Pl. En Taille-Douce."* Paris: Cavelier, 1745.
33. Etienne-Louis Boullée, "Architecture, Essai sur l'art", cité par H. Rosenau, *"Boullée and Visionary Architecture"*, London, New York, 1976, p. / lk 118.
34. Halbwachs, Maurice. *"La Population Et Les Tracés De Voies a Paris Depuis Un Siècle."* Paris: Les Presses Universitaires de France, 1928.
35. Nora, Pierre. "Between Memory and History: *Les Lieux de Memoire*," trans. / tõlk. Marc Rousebush, *Representations* 26 (1989), 13. Reprinted from / kordustrükk: Pierre Nora, "Entre memoire et histoire," *Les Lieux de memoire*, vol. 1: *La Republique* (Paris: Gallimard, 1984), xxvi.

A Hand and a Name: Or the Problem with Monuments

Margrethe Troensegaard

Käsi ja nimi ehk probleem monumentidega

Margrethe Troensegaard

A building should please everyone, unlike a work of art, which does not have to please anyone. A work of art is a private matter for the artist, a building is not. A work of art is brought into the world without there being a need for it, a building meets a need. A work of art has no responsibility to anyone, a building to everyone. The aim of a work of art is to make us feel uncomfortable, a building is there for our comfort. A work of art is revolutionary, a building conservative. A work of art is concerned with the future and directs us along new paths, a building is concerned with the present. [...] We love buildings and hate art. *So the building has nothing to do with art and architecture is not one of the arts? That is so.* Only a tiny part of architecture comes under art: monuments. Everything else, everything that serves some practical purpose, should be ejected from the realm of art.[1]

The aim of a work of art is to make us feel uncomfortable. Postulatory as may be, a truth rings across the century that has passed since the writing of these words. If we put aside Adolf Loos' absolutism (for, surely, we are able today to produce sound arguments for architecture that is revolutionary and works of art which are not merely a private matter for the artist), his nomination of monuments as the cornerstone between art and architecture is an interesting claim, that brings together the interests of the curators of the present exhibition, and my own art historical research into the contemporaneity of the monument. Beyond any assumption of physical qualities of scale and build as a way of placing the monument within the realm of architecture, what is particularly interesting to me in this excerpt from "Architecture", 1911, is how the monument in Loos' line of argument at once serves a function, and does not; is private, and is not; is concerned with the future, and with the present. Loos places the monument in a somewhat paradoxical position, sitting

Hoone peab meeldima kõigile erinevalt kunstiteosest, mis ei pea kellelegi meeldima. Kunstiteos on kunstniku eraasi, hoone aga mitte. Kunstiteos luuakse, ilma et seda oleks vaja, hoone seevastu vastab vajadusele. Kunstiteos ei vastuta kellegi ees, hoone aga kõigi ees. Kunstiteose eesmärk on panna tundma ebamugavust, hoone aga peab olema mugav. Kunstiteos on revolutsiooniline, hoone aga konservatiivne. Kunstiteost huvitab tulevik ja see suunab meid uutele radadele, hoone aga tegeleb olevikuga. [...] Armastame hooneid ja vihkame kunsti. *Seega hoone ei ole kuidagi seotud kunstiga ja arhitektuur ei ole üks kunstidest? Nii on.* Ainult väike osa arhitektuurist kuulub kunsti valda—monumendid. Kõik ülejäänud—kõik, mis täidab praktilist eesmärki—tuleb kunsti hulgast välja arvata.[1]

Kunstiteose eesmärk on panna tundma ebamugavust. See kõlab küll postulaatlikult, kuid sajand pärast nende sõnade kirjutamist kõlab mõni asi endiselt tõesena. Kui jätta kõrvale Adolf Loosi absolutism (suudaksime ju kindlasti tuua häid näiteid arhitektuurist, mis on revolutsiooniline, ja kunstiteostest, mis ei ole ainult kunstniku eraasi), siis on väide, et monument on kunsti ja arhitektuuri suhte nurgakivi, huvitav ja võtab kokku praeguse näituse kuraatorite huvid ning mu enda ajaloouurimuse monumentide nüüdisaegsuse kohta.

Lõik, mis on pärit Loosi 1911. aastal kirjutatud esseest "Arhitektuur", pakub lisaks eeldusele, et monument on võimalik mõõtmete ja konstruktsiooni füüsiliste omaduste poolest arhitektuuri valdkonda paigutada, mulle erilist huvi seetõttu, et tema arutluskäigus on monument korraga eesmärki täitev ja kasutu, privaatne ja samas ei ole ka, nii tuleviku kui ka olevikuga tegelev. Loos paigutab monumendi mõnevõrra

uneasily between two chairs, straddling the public and the private, the political and the personal, the social and the individual and it is this contradictory nature of the phenomenon, I argue, which most accurately defines it. So, while Loos' categorical thinking appears both problematic and dated to us at a time where clear cut distinctions between art forms and media have long lost their relevance, he shows an understanding of the capacity of the monument to defy definition, and this, I believe, is precisely what has caused this phenomenon to survive into contemporary artistic discourse. In order to better understand the strange and perhaps unexpected contemporaneity of the concept and its expression within current artistic practices, I should like to produce here a brief survey, retracing fragments of the cultural and semantic history of the term from an art historical perspective, and highlighting a few key discussions and critiques from the Western hemisphere that have shaped the position and possibilities of the concept as we inherit it today.

Yad Vashem (Hebrew, יָד וָשֵׁם, yād wā-šêm), literally translated: a 'hand and a name', is the name of the Holocaust Memorial in Jerusalem; a composite memorial site inaugurated in 1953 that includes an art museum, a historical museum, and various individual monuments and commemorative gestures. The expression, *yad vashem*, is drawn from the Book of Isaiah, written between 701 and 681 BCE.:

> 4. For thus saith the LORD unto the eunuchs that keep my sabbaths, and choose the things that please me, and take hold of my covenant;
>
> 5. Even unto them will I give in mine house and within my walls *a place and a name* better than of sons and of daughters: I will give them an everlasting name, that shall not be cut off.[2]

paradoksaalsesse olukorda, mis asub ebamugavalt kahe koha vahel, hõlmates korraga avalikku ja privaatset, poliitilist ja isiklikku, ühiskondlikku ja individuaalset. Leian, et just selle vastuoluline olemus kirjeldabki seda nähtust kõige täpsemini. Kuigi Loosi kategooriline mõtlemine tundub olevat problemaatiline ja aegunud ajal, mil kunstivormide ja meediumite vaheliste jäikade piiride tõmbamine on ammu tähenduse kaotanud, näeb ta monumendi võimet määratlusi eirata, mis on minu arvates peamine põhjus, miks see nähtus on suutnud tänapäeva kunstidiskursuses vastu pidada.

Selleks et paremini mõista selle mõiste veidrat ja võib-olla ootamatut nüüdisaegsust ja selle väljendust praeguses kunstis, toon siin väikese ülevaate, mis kunstiajaloo vaatepunktist käib läbi selle termini kultuurilise ja semantilise ajaloo ning tõstab esile mõningad võtmetähtsusega arutelud ja läänepoolkeralt pärit kriitilised mõttekäigud, mis on kujundanud selle mõiste positsiooni ja võimalusi sellena, nagu see on meieni jõudnud.

Yad Vashem (יָד וָשֵׁם) tähendab heebrea keeles otsetõlkes "käsi ja nimi"—seda nime kannab Jeruusalemmas asuv holokaustimuuseum, 1953. aastal sisse õnnistatud koondmälupaik, mille koosseisu kuuluvad kunsti- ja ajaloomuuseum ning mitmed üksikmonumendid ja mälestusmärgid. Väljend *yad vashem* pärineb vanast testamendist Jesaja raamatust, mis pandi kirja aastatel 701–681 e.m.a:

> 4. Sest nõnda ütleb Issand: Kohitsetuile, kes peavad mu hingamispäevi ja valivad, mis on mu meele järgi, ja peavad kinni mu lepingust,
>
> 5. neile ma annan oma kojas ja oma müüride vahel *mälestusmärgi ja nime*, parema kui pojad ja tütred: mina annan neile igavese nime, mida ei saa hävitada. (Js 56:4–5)[2]

41

The word *yad*, is in the above-quoted version of the Old Testament translated into the English word 'place', rather than hand, which is not an uncommon translation. *Yad* in Hebrew has multiple meanings, one of which refers to the pointer that serves as an aid for reading the Torah in the synagogue—a slim, pen-like instrument, approximately twelve inches long, typically manufactured from silver, alternatively hardwood, and with a hand placed at the very tip, its index finger pointing. This instrument aids the reader to find and keep her place while reading, and fulfils the additional purpose of sheltering the Torah from the wear and tear resulting from direct touch of the scripture. The hand that points is the hand that places, the tip of the finger marks a location, a site. At the same time, the raised hand is an indication of power or strength; other dictionary entries thus define *yad* as a 'tall memorial monument that rises like a hand', and in newer translations of the Old Testament, we see *yad* in the text above simply translated as 'memorial'.[3]

From the Second Book of Samuel (c.630–540 BCE) we find the following mention of the first specific monument in this tradition:

> Now Absalom in his lifetime had taken and reared up for himself the pillar, which is in the king's dale: for he said, I have no son to keep my name in remembrance: and he called the pillar after his own name: and it is called unto this day, Absalom's place.[4]

Again, we may note the interchangeability of the terms *hand* and *place*, both of which designate a monument, which here, in its first biblical iteration, is described as a pillar—similarly to the arm, elongated and vertical in orientation. Thinking about these aesthetic and semantic issues in relation to a modern discourse about monuments, it appears that an early formal and metaphorical quality of the monument within the Judeo-Christian tradition is its uprightness, but also its being placed in a particular site, or more accurately, by the quality

---

Sõna *yad* ei ole selles vana testamendi lõigus tõlgitud mitte kui "käsi", vaid "mälestusmärk", kuigi ka esimene on levinud tõlkevaste. Sõnal *yad* on heebrea keeles mitu tähendust, millest üks viitab vahendile, mida sünagoogis kasutatakse toora lugemisel. See on peenike pliiatsilaadne kepp, mis on umbes 30 cm pikk, valmistatud tavaliselt hõbedast või väärispuidust ja selle otsas on püstise nimetissõrmega käsi. See vahend aitab lugemise ajal järge pidada ning kaitsta toorat kulumise eest, kui pühakirja palja käega katsuda. Osutav käsi näitab kohta, sõrmeots märgib asukohta. Samal ajal näitab tõstetud käsi võimu või tugevust; mõned sõnaraamatud määratlevad *yad*'i "kõrge mälestusmärgina, mis tõuseb kui käsi", ja nii ongi vana testamendi uuemates tõlgetes *yad* tõlgitud "mälestusmärgina".[3]

Piiblis on monumenti esimest korda mainitud teises Saamueli raamatus (u 630–540 e.m.a):

Aga Absalom oli võtnud ja püstitanud enesele oma eluajal samba, mis on Kuningaorus, sest ta ütles: "Mul ei ole poega mu nime mälestuseks." Ta nimetas samba oma nimega ja seda hüütakse tänapäevani "Absalomi mälestusmärgiks". (2Sm 18:18)[4]

Jällegi võime märgata, et sõnad "käsi" ja "mälestusmärk" on sünonüümid: mõlemad tähistavad monumenti, mida siin, selle esimesel ilmumiskorral piiblis, kirjeldatakse sambana—käega sarnane, piklik ja vertikaalse suunaga. Mõeldes nende esteetiliste ja semantiliste küsimuste suhtele nüüdisaegse monumentide diskursusega, tundub, et judokristlikus traditsioonis iseloomustas monumenti vormi ja metafoorina selle püstine asetus, lisaks kindel asukoht või täpsemalt monumendi omadus seda kohta märgistada ja tähistada.[5] Nende tekstide põhjal võib tuletada kolm täiendavat omadust: monument kui austusavaldus (see teenitakse välja auväärsuse, eeskujuliku teo

of identifying and marking a place.[5] Three further characteristics can be drawn from these texts: the honouring effect of the monument (it is earnt by virtue of a venerable, exemplary action or set of actions, in this case as determined by God); a notion of permanence (an everlasting name); and, drawing also from the example of King Absalom, its specificity—by the action of naming a specific person, or a specific group of people (the eunuchs) is consolidated and immortalised.

The monument and the notion of commemoration thus appear to be intrinsically tied in the Judeo-Christian tradition. While *yad* (in the expression, *yad vashem*), may signify monument, *shem*, literally means 'name'.[6] *Shem*, emphasises what we might call the memorialising or the commemorative function that is tied to the physical marker which is the monument—i.e. the hand marks the place and renders it visible by an erect gesture, "here!", while the name, often manifested by an inscription, activates the memory by traversing time and evoking a particularity of a specific person or deed. *Hand* and *name* thus articulate the two main components of the monument: physical edifice and language. Importantly, the abovementioned examples also both indicate that monuments are given or initiated by an absolute sovereign.

My emphasis on the Judeo-Christian origins of the monument is not to say that this phenomenon did not exist outside of this context, nor before. Northern Neolithic cultures and various cultures of Antiquity, spreading across southern Europe, through the Middle East and across Asia, all predated the texts referred to above, and have certainly influenced our current understanding of monuments. But when it comes to tracing the origins of the language that is used to speak about monuments in modern and contemporary Western art discourse, and the key tropes and properties of the monument that this language reveals, the Judeo-Christian legacy remains essential. Notwithstanding, the numerous layers of translation and interpretation at play when dealing with the biblical texts (from Aramaic to

või tegudega, antud juhul jumala määratuna), arusaam püsivusest (igavene nimi) ning kuningas Absalomi näite põhjal mingi inimese või inimrühma (kohitsetud) nimetamise abil kinnistamine ja surematuks muutmine.

Monument ja mälestamine kui nähtus näivad seega olevat lähedalt seotud judokristliku traditsiooniga. Kui *yad* (väljendis *yad vashem*) tähendab monumenti, siis *shem*'i sõnasõnaline tähendus on "nimi".[6] *Shem* rõhutab midagi, mida võiks kutsuda mällu talletamise või mälestamise funktsiooniks—see on seotud monumendi kui füüsilise tähisega: käsi tähistab koha ja muudab selle nähtavaks püstise žestiga "Siin!", samal ajal kui nimi, mis tihti avaldub raidkirjana, käivitab aega ületades mälu ja tuletab meelde mõnda eripärast inimest või tegu. *Käsi* ja *nimi* väljendavad seega monumendi kahte peamist osist: füüsilist ehitist ja keelt. On oluline, et need näited osutavad mõlemad sellele, et monumente rajab piiramatu võimuga valitseja.

Mu rõhuasetus monumendi judokristlikul päritolul ei tähenda, et see nähtus poleks väljaspool või enne seda konteksti eksisteerinud. Põhjapoolsed noorema kiviaja kultuurid ja mitmed Lõuna-Euroopas, Lähis-Idas ja üle Aasia levinud antiikaja kultuurid eelnesid varem osundatud tekstidele ja on kindlalt mõjutanud meie praegust arusaama monumentidest. Kui uurida nüüdisaegses ja tänapäevases lääne kunstidiskursuses monumentidest rääkimiseks kasutatava keele ning nende peamiste troopide ja omaduste, mille see keel paljastab, päritolu, siis selgub, et judokristlik pärand osutub määravaks. Kuid piiblitekstide mitmekordsed tõlked ja tõlgendused (aramea keelest heebrea keelde ja edasi teistesse keeltesse, näiteks inglise keelde) muudavad veamäära liiga kõrgeks, et nende terminite algset kasutust siinkohal pikemalt semantiliselt analüüsida. Ometi väidan, et monumendi omaduste algse väljenduse uurimine ei osuta mitte ainult meieni jõudnud termini keerukusele, vaid

Hebrew and further, in this case, to English) arguably make the error margin too great for an actual semantic analysis of the early uses of these terms to take place here. Nevertheless, I would argue that looking at these early articulations of the properties of monuments not only hints at the complexity of the term which we have inherited, but also begins to explain the persistence of certain characteristics of the genre: immobility, verticality, permanence, and the conventionally memorialising, and often moralising, role and function of the monument within society. These key traits have been further consolidated, with variations, over millennia. According to an English etymological dictionary the word 'monument' dates from the 13th century and stems from Old French *monument*, a reworking of the Latin word *monumentum*, 'memorial' or 'tomb', which again stems from *monēre*, to remind. From the early and dominating meaning of sepulchre or tomb, to the broader sense of 'a structure that commemorates a notable person, action, or event', which is today is a common definition of the word, another 300 years would pass.[7] Contemporary with this expansion of the term's meaning, the adjective 'monumental' came into public use, 'of or relating to monuments', which from the 1650's onwards had gained an added value of 'vast' or 'stupendous'. Thus, from relating mainly to death, instituting immortality, and marking metaphorical greatness, the terms monument and monumentality had become directly associated also with greatness of *scale*—literal and metaphorical.[8]

A famous, early attempt at a definition of monuments within an art historical context is that of the Austrian art historian, Alois Riegl, whose writing the reader will already have encountered elsewhere in this catalogue.[9]

> [...] A monument is a work of man erected for the specific purpose of keeping particular human deeds or destinies (or a com-

seletab ka selle žanri mõningaid omadusi: liikumatus, vertikaalsus, püsivus ja monumendi tavapäraselt mälestav ning tihti moraliseeriv roll ja ülesanne ühiskonnas. Need põhiomadused on aastatuhandete jooksul, küll variatsioonidega, üha rohkem kinnistunud. Ingliskeelse etümoloogiasõnaraamatu kohaselt pärineb sõna "monument" 13. sajandi vanaprantsuse keele sõnast *monument*, mis on variant "mälestusmärki" ja "hauda" tähistavast ladinakeelsest sõnast *monumentum*, mis omakorda pärineb sõnast *monēre* ehk "meenutama". Algselt tähendas see peamiselt hauakambrit, kuid 300 aastat hiljem on see omandanud tänapäevase tähenduse kui "ehitis, millega mälestatakse olulist inimest, tegu või sündmust".[7] Termini tähenduse avardumisega on omadussõna "monumentaalne" kui "monumendiga seonduv või sellelaadne" kandnud inglise keeles 1650. aastatest peale lisatähendust "suuremõõtmeline" ja "võimas". Seega terminid "monument" ja "monumentaalsus", mis algselt olid peamiselt seotud surmaga ja põlistasid suremutust ning tähistasid kujundlikku suursugusust, omandasid sel ajal seose *suurusega*— otseses ja kaudses tähenduses.[8]

Kuulus varane katse kunstiajaloo kontekstis monumente määratleda pärineb Austria kunstiajaloolaselt Alois Rieglilt, kelle mõtetega puutub lugeja siin kataloogis ka mujal kokku.[9]

> Monument on inimeste loodud teos, mis on püstitatud kindla eesmärgiga inimeste mõningaid tegusid või saatust (või selle keerulisi kuhjumisi) elus ning tulevaste põlvkondade teadvuses hoida.[10]

Riegli määratlus pärineb 1903. aastast, ajast, mil Kesk-Euroopat tabas mälestusmärkide püstitamise laine—Riegl kutsus seda nähtust nimetusega *Denkmalkultus* ehk mälestusmärgikultus (Adolf Loosi essee kirjutamise aeg kattub osaliselt selle moevooluga). Selle aja tüüpili-

plex accumulation thereof) alive and present in the consciousness of future generations.[10]

Riegl authored his definition in 1903, in a time during which Central Europe had seen a surge in the erection of monuments, a tendency which Riegl termed *Denkmalkultus*, or 'monument cult' (The timing of Adolf Loos' writing somewhat coincides with this fashion wave). Typical forms of monuments of this time were the epitaph, the mausoleum, the equestrian statue, the obelisk, and the architectural edifice; significantly sized, permanent markers, architectural and/or sculptural, often with an explicitly commemorative function.[11] However, Riegl's definition does have scope beyond this common type: 'work of man' does not specify any particular shape or form, and Riegl furthermore recognised the presence of what he termed 'unintentional monuments', i.e. artefacts that only retrospectively would prove their historical worth. Such an unintentional monument could, as he put it, in theory be even a simple piece of paper, as opposed to the deliberate monument of a cathedral built in the name of a King.

Artists, writers and cultural critics have repeatedly argued against the gradual accumulation of the conventional monuments, of which Riegl spoke. Such claims suggest that historical markers, which saw surges in production typically around changes of power and following times of crisis, were often of greatly varying artistic quality, would eventually lead to a reversal of the effect intended with these otherwise highly visible constructions. Robert Musil wrote thus in his 1936 essay "Monuments":

> Monuments possess all sorts of qualities. The most important is somewhat contradictory: what strikes one most about monuments is that one doesn't notice them. There is nothing in the world as invisible as monuments. There is no doubt they are erected in order to be seen, indeed to arouse attention,

sed monumendid olid epitaafid, mausoleumid, ratsamonumendid, obeliskid, mitmesugused ehitised — arvestatava suurusega püsivad arhitektuurilised ja/või skulptuursed tähised, mis olid tihti otseselt mälestava otstarbega.[11] Kuid Riegli määratlus ei piirdu ainult nende tavatüüpidega: "inimese loodud teos" ei anna ette täpset kuju ega vormi ning lisaks tunnistas ta "ettekavatsemata monumentide" olemasolu — need on artefaktid, mis omandavad alles tagantjärele ajaloolise tähtsuse. Vastandina kuninga nimel ehitatud katedraalile kui ettekavatsetud monumendile võiks ettekavatsemata monument Riegli järgi teoreetiliselt olla ka lihtsalt tükk paberit.

Kunstnikud, kirjanikud ja kultuurikriitikud on korduvalt väljendanud vastumeelsust tavapäraste monumentide aegamööda toimuvale kuhjumisele, millest Riegl kirjutas. Selliste väidete kohaselt on ajaloolised tähised, mida püstitatakse tavalisest rohkem võimuvahetuse ajal või pärast kriise, tihti kõikuva kunstilise väärtusega, tuues neile silmapaistvatele ehitistele endaga lõpuks kaasa soovitud eesmärgile vastupidise tulemuse. Robert Musil kirjutas oma 1936. aasta essees "Monumendid":

> Monumentidel on palju omadusi. Kõige olulisem neist on mõnevõrra vastuoluline: monumentide kõige rabavam eripära on see, et neid ei märgata. Maailmas pole midagi rohkem nähtamatut kui monumendid. Pole kahtlustki, et monumente püstitatakse selleks, et neid märgataks; et tähelepanu köita, kuid samal ajal on nad tähelepanu eest kuidagi kaitstud: see jookseb neil mööda külgi maha nagu vesi vakstult, hetkeski peatumata. […] Ei saa öelda, et neid ei märgata, pigem peaks ütlema, et nad panevad meid ennast mitte märkama, nad taanduvad meie meeltest. See on neil läbini positiivne omadus, millel on kalduvus olla väga jõuline![12]

but at the same time they are somehow impregnated against attention: it runs down them like water on oilcloth, without stopping for an instant. [...] One cannot say that we don't notice them; one would have to say they un-notice us, they withdraw themselves from our senses. This is a thoroughly positive quality they have, tending toward a real forcefulness![12]

There is an ironical rhythm to the last two sentences in that the author, who so famously laboured for decades to write his *magnum opus* about a man without qualities, identifies the most positive quality of the monument as its capacity to 'un-notice us'. Musil addresses here what we, with Riegl, would term deliberate monuments, and while Musil does acknowledge the existence of certain energetic monuments, as he calls them—works that, contrary to the genre, manage to express 'a living thought or feeling', such as Donatello's "Gattamelata" in Padua from 1453, and the equestrian statue of Bartolomeo Colleoni in Venice, dating from the late 15th century—most monuments, he argues, fail their goal of calling forth a live remembrance and instead recede into the urban fabric as yet another architectural prop to navigate by. And with a final thrust to the genre Musil ends his short essay:

But what becomes harder and harder to understand the longer one thinks about it is why, if this is the way it is, are monuments erected to great men? [...] Since one can no longer harm them in life, one pushes them into the sea of oblivion with, so to speak, a commemorative stone around their necks.[13]

The static, permanent nature of monuments which Musil so ridiculed, is what art historian Rosalind Krauss has identified as one of the core tropes of sculpture. In her opinion, the monument and sculpture are in fact interdependent and historically bound categories. In a

46

reflection on the status of sculpture in the face of Post-Minimal art at the end of the 1970's (arguably, the early beginnings of post-medium art), Krauss backtracked the so-called expanded field practices of Robert Morris, Alize Aycock, Robert Smithson, Mary Miss, Michael Heizer, Nancy Holt and various others, to a break with the monument culture Riegl had described in 1903, and in particular with what she termed the 'logic of the monument'. "The logic of sculpture," she wrote, "is inseparable from the logic of the monument. By virtue of this logic a sculpture is a commemorative representation. It sits in a particular place and speaks in a symbolical tongue about the meaning or use of that place".[14] This static, symbolical logic of the monument was first broken, Krauss continued, with late 19th century *avant-garde* practices such as Rodin's, wherein the representative—and thus commemorative—nature of sculpture had begun to give way to a new level of subjectivity in the sculpting process, which eventually enabled the complete self-referentiality of the medium. That some of Rodin's monuments (Krauss mentions here his "Gates of Hell", 1880, and "Balzac", 1891) existed in multiple casts and were produced for various locations significantly altered the role of the pedestal, she argued; where it had formerly tied the sculpture to a specific site, the pedestal had now come to signify a possibility of mobility and spatial transience. In Krauss' narrative the new 'placelessness' and self-referentiality of sculpture peaked in the 1950's after which, particularly in the face of Minimalist practices, sculpture as such began to implode, until it eventually reached the state of pure negativity, and ontological absence of not-landscape and not-architecture, with the works of artists such as Robert Morris, Carl Andre, and various of the artists mentioned above.

We might find fault today with Krauss' developmental, almost teleological, narrative of sculpture. That sculpture, as we knew it, reached an end when it finally managed to sever its ties to the so-called logic of the monument in the late 1970's, was rather conven-

Man Ray, "*Monument a D.A.F. de Sade*"
"Le Surrealisme au service de la revolution", 1933/5.
© ADAGP, Paris/Man Ray Trust, Paris

Claes Oldenburg, "Lipsticks in Piccadilly Circus, London", 1966
Printed paper on postcard on board Prinditud paber postkaardil, kinnitatud papile, 25,4 × 20,3 cm
© Claes Oldenburg

iently coinciding with her own time of writing. A time where, in the heat of early postmodernism, ends of many kinds were proclaimed over various disciplines. But even if we do not agree with the notion of ends or complete cuts in art history, her diagnosis of a post-medium tendency across various Northern American practices in the late 1970's has since proven itself sensitive to its time. But what this text enables that is particularly relevant for our current purpose, is the possibility of thinking monuments outside of the conventional, intentional framework. By binding sculpture and monuments together as interdependent categories, we are reminded that monuments are more than a political form, they are also an artistic one (or at least should be).

So, where did the new media development in artistic practices—end or no end—leave the 'logic of the monument'? Did this 'end', too? Yes and no. The logic was broken to the extent that the expanded media explorations of the late 1970's made it impossible to ever return to the equestrian statue, for example. And while conventional forms of monuments are certainly still being produced, these continue to fail to express what Musil described as 'a living thought or feeling' for the simple reason that their form corresponds to another time than that of their production and reception. So yes, the monument as we knew it, was over; "Gattamelata" could not have been made after "Spiral Jetty"—without an ample portion of irony. But this was already true, to a certain extent, after the first *avant-garde* movement. The French surrealists were acutely critical of the notion of the permanent, authoritarian artwork, and hailed *bassesse* (baseness) and the *informe*, over the honouring of great men anytime. This attitude, spearheaded by Georges Bataille, transpired subject as well as material attitude, and coincided somewhat with the writing of Musil's essay above.[15] The fact is that the closer we look at art history with this in mind, the more responses, reflections and provocations we

haaras Põhja-Ameerika kunsti meediumijärgne suundumus, tabas hästi oma aega. Aga see tekst võimaldab midagi, mis on meie praegust sihti silmas pidades väga oluline—see lubab meil mõelda monumentidest väljaspool tavalist eesmärgipärast raamistikku. Skulptuuri ja monumendi kokku sidumine üksteisest sõltuvate kategooriatena tuletab meile meelde, et monumentide vorm pole mitte ainult poliitiline, vaid ka kunstiline (või vähemalt peaks olema).

Niisiis, mis juhtus kunstipraktika uute meediumite arengu taustal—nõustume siis lõpuga või mitte—"monumendi loogikaga"? Kas seegi "lõppes"? Jah ja ei. See loogika katkes sedavõrd, et 1970. aastate lõpu avardanud meediumikatsetused tegid võimatuks näiteks ratsamonumendi juurde naasmise. Kuigi tavapäraseid monumente luuakse endiselt, ei suuda need väljendada seda, mida Musil kutsus "elavaks mõtteks või tundeks", sel lihtsal põhjusel, et nende vorm vastab mingile teisele ajale kui see, mil neid luuakse ja vastu võetakse.

Nii et jah, monument sellisena, nagu me seda teadsime, on läbi: "Gattamelatat" ei oleks saanud pärast "Spiral Jettyt" teha—vähemalt ilma hea koguse huumorita. Kuid sama kehtis teataval määral juba pärast esimest avangardiliikumist. Prantsuse sürrealistid olid äärmiselt kriitilised püsiva autoriteetse kunstiteose suhtes ja eelistasid suurmeeste asemel madalust (*bassesse*) ja vormitust (*informe*) ülistada. See suhtumine, mida edendas Georges Bataille, käis nii teemade kui ka materjalikasutuse kohta ning kattus osalt Musili mainitud essee kirjutamise ajaga.[15]

Mida lähemalt me kunstiajalugu vaatame, seda rohkem reaktsioone, mõtisklusi ja provokatsioone monumendi teemal leiame. On mõned nime-põhised reaktsioonid, kus mälestamise teema on säilinud, olgugi et provokatsioonina või alternatiivsel kujul, näiteks Vladimir Tatlini "Monument kolmandale internatsio-

Christo wrapping one of the sculptures in the garden of the Villa Borghese, Rome

Christo mässimas üht skulptuuri Villa Borghese aias Roomas

United Press International © 1963 Christo

find to the topic of monuments. There are the named responses in which a commemorative subject is preserved, however provocative or alternative—such as Vladimir Tatlin's "Monument to the Third International", 1920, Man Ray's "Monument to de Sade", 1933[16], Oscar Bony's highly controversial staging of a working class family on a pedestal for an exhibition, "La Familia Obrera", 1968, or Claes Oldenburg's "Lipstick Monument", proposed to replace the Eros statue in Piccadilly.[17] And there are the unnamed responses where just the 'hand' or the marker remains, so to speak. Such examples could be Marcel Duchamp's "Fountain", 1917, Kurt Schwitters' life's work, "Merzbau", 1923–37, Christo and Jeanne Claude's series of wrapped monuments and sculptures from the 1960's; or Michael Heizer's "Double Negative", 1969–70, in which the singular, erect marker of greatness is replaced by two, negative incisions in a desolate non-place. In such works, it is the very idea of monumentalising, of elevating to the state of authority-worthy-of-commemoration, that is being prodded, debunked or undone.

The list of artists whose work thus renegotiate the very idea of monumentalising, its conditions, and its ends is long and certainly continues beyond the 1970's. For even though the current artistic and intellectual climate no longer supports the 'typical' monument addressed by Loos, Riegl, Musil, and Krauss respectively, discussions of the 'monumental'—and by monumental, I mean to address what pertains to the monument with respect to both its material and political conditions—have never seized. Recent examples of works that thus explore the contemporaneity of the monument include Thomas Hirschhorn's series of temporary monuments to philosophers created in collaboration with impoverished host-localities 1998–2011, Dahn Vo's, 1:1 re-casting of the Statue of Liberty "WE THE PEOPLE (DETAIL)", 2010–13, which was exhibited and sold off piecemeal and dispersed across galleries and museums worldwide,[18] or Mike Nelson's proposal to build an inverted pyramid in the rubble of the doomed Heygate

naalile" (1920), Man Ray "Monument de Sade'ile" (1933)[16], Oscar Bony "La Familia Obrera" (1968), erakordselt vastuoluline töö, kus kunstnik pani tööliskassi perekonna näituse ajaks postamendile elama, või Claes Oldenburgi "Huulepulga monument", mille ta pakkus välja Piccadilly Circusil asuva Erose kuju asemele.[17] Ja siis on olemas n-ö ilma "nimeta" teosed, kus on säilinud kujundlik "käsi" või tähis. Selle näited oleksid Marcel Duchampi "Purskkaev" (1917), Kurt Schwittersi elutöö "Merzbau" (1923–1937), Christo ja Jeanne Claude'i 1960. aastatel pakkimise teel loodud monumendid ja skulptuurid ning Michael Heizeri "Topeltnegatiiv" (1969–1970), kus ühe suurust märgistava püstise tähise asemel on kaks negatiivs lõiget inimtühjas mittekohas. Neis töödes pannakse proovile, kummutatakse või võetakse tükkideks monumentaliseerimise, mälestamist vääriva autoriteedi staatusesse tõstmise mõte ise. [image Christo] Kunstnike nimekiri, kelle teosed monumentaliseerimise ideed ennast,

selle tingimusi ja eesmärke niimoodi ümber mõtestavad, on pikk ja ei piirdu kindlasti 1970. aastatega. Kuigi praegune kunstiline ja intellektuaalne õhustik ei soosi enam "tüüpilisi" monumente, millest kõnelesid Loos, Riegl, Musil ja Krauss, pole arutelu *monumentaalsuse* teemal—monumentaalsuse all pean silmas monumendiga soetud materiaalseid ja poliitilisi asjaolusid—kordagi lakanud. Hiljutised näited töödest, mis uurivad monumendi nüüdisaegsust, on Thomas Hirschhorni filosoofidele pühendatud ajutiste monumentide sari, mis on loodud koostöös kohalike vaeste kogukondadega (1998–2011), Dahn Vo "Meie, inimesed (detail)" (2010–2013), mis taastootis üks ühele suuruses Vabadussamba ning mida näidati ja müüdi tükikaupa ning hajutati galeriidesse ja muuseumitesse üle maailma[18], ning Mike Nelsoni ettepanek ehitada tagurpidi püramiid Londonis Elephant and Castle'i piirkonnas lammutatud Heygate Estate'i elamukompleksi asemele ajutise kohana, kus

Estate at Elephant and Castle in London, as a temporary site from which to host discussions on the housing problems in the city.[19] The verticality, permanence, and greatness of scale of the conventional monument have, to a large extent, given way to temporary, collaborative projects, although not exclusively. How, for example, might we represent a memory of something that does not exist—something that perhaps never succeeded in forming an articulable entity and therefore is not even stable in its no-longer-being—something rather best explained as what it was not; an absence, a negative, an in-between? What might such a manifested memory look like? Which form would it take?

In the exhibition "Remembering the Nowhere" at Galleri Image in Århus, Denmark, during spring 2016, Vladimir Tomic included a series of collages created from his archive of old family photos by juxtaposing images of one reality with another: one photograph from the time before his family fled what was once Yugoslavia and, adjacent to it, one photograph from after the family's arrival to Denmark in 1992. One of these collages is particularly arresting. On the left-hand side, a male figure in Speedo's is suspended in a forward leap—arms spread and legs half bent, the picture is captured in the moment his feet let go of a reddish springboard. Surrounding tree-clad mountains give way to a blue lake, far below, as the figure, heavy and weightless at the same time, remains forever frozen in his leap. To the right of this image is another photograph of something that looks like an ark; a white, four-storey high floating building in a harbour looking setting. "Flotel Europa", we read off the port side of the edifice. The surface of the two pictured waters, lake and sea, are aligned, as are the roof of the ark with the handrail of the before-mentioned springboard. Handwritten captions read, from left to right, 'Yugoslavia, Boračko Jezero, 1991' and 'Denmark, Refugee Camp Flotel Europa, 1992'. An unspeakable contrast forced into formal continuity. The juxtaposition is obvious and the contrast glaringly stark, and yet

pidada arutelusid linna eluasemeprobleemide üle.[19] Tavapärase monumendi vertikaalsus, püsivus ja suuremõõtmelisus on suuresti asendunud ajutiste, koostööl põhinevate projektidega, kuigi mitte täielikult. Kuidas näiteks esitada mälestust millestki, mida ei ole olemas olnud, mida ei ole õnnestunud kunagi korralikult sõnadesse panna ja mis pole seetõttu isegi oma mitte-enam-olemises püsiv; millestki, mida on parem seletada selle kaudu, mis ta ei olnud: puudumise, negatiivi, vahepealsusena? Milline võiks selline manifesteerunud mälu välja näha? Millise kuju see võtaks?

2016. aasta kevadel Taanis Århusis Galleri Image'is toimunud näitusel "Ei-kuskit meenutades" ("Remembering the Nowhere") pani Vladimir Tomic välja vanadel perekonnafotodel põhineva kollaažisarja, kus vastandas üht tegelikkust teisele: kollaaži üks foto oli ajast, mil ta pere ei olnud veel tollasest Jugoslaaviast põgenenud, ja selle kõrval foto, mis oli tehtud pärast seda, kui nad olid 1992. aastal Taani kolinud. Üks kollaaž on eriti huvitav. Vasakut kätt asuval fotol on kujutatud ujumispükstes meest hüppamas, käed laiali ja põlved poolenisti konksus—foto on tehtud hetkel, mil ta on end just punakalt hüppelaualt lahti tõuganud. All laiuvat sinist järve ümbritsevad metsaga kaetud mäed, figuur, korraga raske ja kaalutu, on igaveseks ajaks hüppesse tardunud. Kujutisest paremal on teine foto milleski, mis näib laevana: valge neljakordne vees ujuv hoone sadamalaadses keskkonnas. Hoone vasakpardal on kirjas "Flotel Europa"—ujuv hotell Euroopa. Kahe kujutatud veekogu, järve ja mere pind on samal tasandil, samuti ujuva maja tipp ja hüppelaua käsipuu. Käsitsi on alla kirjutatud "Jugoslaavia, Bora ko Jezero, 1991" ja "Taani, Flotel Europa põgenikekeskus, 1992". Sõnulseletamatu vastandus on surutud vormilisse jätkuvusse. Kuigi tegu on ilmse kõrvutusega ja kontrast on silmatorkavalt järsk, on sel kujutiste koolusel ometi palju rääkida üleminekukogemusest, mida Tomic ja

Vladimir Tomic, "Untitled (Remembering the Nowhere)"
Collage Kollaaž
© Vladimir Tomic, 2016

this constellation of images speaks volumes about the experience of transition endured by Tomic and his family, and more than 1000 fellow refugees harboured in the floating refugee camp docked in the harbour of Copenhagen in the early 1990's, all fleeing the war in Bosnia and Herzegovina. In Tomic's own words the state of transition experienced as a refugee is best described as an abyss or a nowhere, one that draws behind it a trail of absence—from being to no-longer being, from home to no-longer home.[20] Because it seems impossible to give shape to such a condition, for lack of a better word, attempting to do so becomes all the more important. Due to their complex nature, such experiences are all too easily reduced to intelligible and essentially nostalgic symbols—in the case they are not, they might

ta pere ning ülejäänud veidi rohkem kui tuhat pagulast, kes olid põgenenud 1990. aastate alguses Bosnia sõja eest ja elasid nüüd Kopenhaageni sadamas ujuvas pagulaslaagris, pidid läbi elama. Tomici enda sõnul on pagulasena kogetud üleminekuseisundile kõige parem vaste kuristik või eikuski, mis toob endaga kaasa puuduse—liikumise olemisest mitteolemisse, kodust mittekoju.[20] Kuna sellisele (parema sõna puudumisel) olukorrale kuju andmine tundub võimatu, on seda olulisem, et seda püütakse teha.

Kõiki taolisi kogemusi on nende keerulise iseloomu tõttu liigagi lihtne taandada kergesti mõistetavatele ja olemuslikult nostalgilistele sümbolitele—kui seda ei tehtaks, siis võivad need täielikult ununeda. On oht, et need raamistatakse kinnistunud jutustusega, mille üle on kerge mõtiskleda, või kui neile ei õnnestu sobivat väljendamiskohta või kuju leida, siis need muutuvad mittemälestatuks, kadudes unustuse hõlma vajunud ajaloolõikudena oma püsimatuse tühjusesse.

Mis võiks olla selle dilemma lahendus? Luua rohkelt mälukujutisi? Veenduda, et need oleksid isiklikud, nagu Tomici näite puhul, lootuses, et kujutatud kogemuse ainulisus kõlaks kokku teiste ainuliste kogemustega? Märkisin selle kirjutise alguses, et monumendi kui nähtuse määravaid omadusi on võime määratlemist vältida. Ja *just sellepärast* et monumendi tingimused—sellisena nagu me seda teadsime—on muutunud ja muutuvad edaspidigi, on erakordselt oluline hoida üleval arutelu selle üle, milline esitusvorm meie praeguses kontekstis kõige paremini sobib. Loodetavasti olen näidanud selles kirjutises, et monumendi nüüdisaegsuse arutelu ei ole piiratud ainult ametlike monumentide ja ehitistega ning isegi kõige väiksem joonistus või kollaaž võib olla mõjus vastus küsimusele, kuidas—ja *miks*—mälestada ning mis kujul ja kelle jaoks.

be forgotten altogether. They risk then either becoming framed into a fixed narrative that may be contemplated, or, if unsuccessful in finding place and form of articulation, to become un-remembered, thus disappearing into the void of their own transience as misplaced pockets in history. So, what might the solution to this dilemma be? To produce a multitude of representations of memories? To ensure that they are personalised, as in Tomic's case, in the hope that the singularity of the experience rendered might strike a chord with other singular experiences? As I remarked in the beginning of this essay, one of the defining qualities of the phenomenon of the monument is its capacity to defy definition. And *because of this*, because the conditions of the monument as we knew it have changed and continue to do so, it remains imperative to sustain the discussion of what form of iteration would be more appropriate to our present context. I hope to have shown in this text that the discussion of the contemporaneity of the monument reaches beyond official monuments and architectural edifices, and that even the smallest drawing or collage might have an impactful response to the question of how—and *why*—to commemorate, in what form, and for whom.

Margrethe Troensegaard is a doctoral candidate in History and Theory of Contemporary Art at the Ruskin School of Art, St. Edmund Hall, University of Oxford. Troensegaard's research investigates the contemporary condition of the monument by considering its recent use and relevance as artistic genre, institutional strategy and exhibition model.

Margrethe Troensegaard on kaasaegse kunsti ajaloo ning teooria doktorant Ruskin School of Artis ja St. Edmund Hallis Oxfordis. Troensegaardi teadustöö uurib monumendi olukorda tänapäeval, võttes arvesse selle hiljutist tähtsust ning kasutust kunstilise žanri, institutsionaalse strateegia ning näituse eksponaadina.

1. Adolf Loos, "Architecture", in Adolf Loos, *On Architecture*, trans. / tõlge Michael Mitchell, Riverside, CA: Ariadne Press, 2002, pp. / lk 82–83. Loos' italicisation / Loosi kursiiv.
2. My italicisation / autori kursiiv. King James Bible, Isaiah, 56:4–5, via King James Bible Online, accessed / külastatud 8.09.2016, http://www.kingjamesbibleonline.org/Isaiah-Chapter-56/.
3. New International Version, via Bible Gateway, https://www.biblegateway.com, accessed 8 September 2016). Varasemas ingliskeelses piiblitõlkes, kuningas Jamesi piiblis, on *yad*'i vasteks *place* ehk "koht" ning uuemas rahvusvahelises piiblis on see tõlgitud kui *memorial* ehk "mälestusmärk".
4. King James Bible, 2 Samuel 18:18, via King James Bible Online, accessed / külastatud 8.09.2016, http://www.kingjamesbibleonline.org/2-Samuel-Chapter-18/.
5. For a further elaboration on the metaphorical quality of verticality, see / Vertikaali metafoorseid omadusi on pikemalt käsitlenud: George Lakoff and Mark Johnson, "Orientational Metaphors", in "*Metaphors We Live By*", Chicago: University of Chicago Press, 2003, pp. / lk 14–22. First published 1980 / Esmakordselt avaldatud 1980. aastal.
6. In the Jewish faith, the term HaShem, 'the name', is commonly used as a synonym for God. Judaismis kasutatakse sõna *HaShem* ("nimi") sageli jumala sünonüümina.
7. In Latin the extended use of the term was already at play in Antiquity – e.g., upon the completion of the first three volumes of his Odes in 23 BCE Horatio declared the immortality of his work with the following words: 'Exegi monumentum aere perennius', *I have achieved a monument more durable than bronze* (Od. 3.30). Ladina keeles kasutati seda terminit laiemas tähenduses juba antiikajal. Näiteks pärast seda, kui Horatius sai valmis oma "Oodide" esimesed kolm köidet (aastal 23 e.m.a), kuulutas ta oma tööd järgmiste sõnadega surematuks: "*Exegi monumentum aere perennius*" ("Olen loonud monumendi, mis on tugevam kui pronks", Ood 3.30). Horace, *Horace, Odes and Epodes*, Paul Shorey and Gordon J. Laing, Eds., Chicago: Benj. H. Sanborn & Co, 1919.
8. For an alternative and fascinating account of the human fascination with scale, see Vt huvitavat alternatiivset käsitlust inimese suurusehuvist: Peter Mason, *The Colossal: From Ancient Greece to Giacometti*, London: Reaktion Books, 2013.
9. Please see Tom Avermaete's contribution to the present catalogue, "Towards Another Rhetoric: Or the Importance of Thinking the Weak Monument", pp. 25–37. Vt Tom Avermaete'i kaastööd siin kataloogis: "Uue retoorika poole ehk nõrgale monumendile mõtlemise tähtsusest", lk 25–37.
10. Alois Riegl, "The Modern Cult of Monuments: its Essence and Its Development" trans. / tõlk. Karin Bruckner with Karen Williams in "*Historical and Philosophical Issues in the Conservation of Cultural Heritage*", ed. / toim. Nicholas Stanley Price, Mansfield Kirby Talley and others, Los Angeles, CA: Getty Conservation Institute, 1996, p. / lk 69. First published 1903 / Esmakordselt avaldatud 1903. aastal.
11. Riegl's text was prompted by a greater discussion on preservation, and his definition of monuments was developed in response to whether or not to interfere in the crumbling of greater architectural edifices in order to preserve their status as monuments. / Riegli kirjutis sai tõuke laiemast muinsuskaitseteemalisest arutelust ja ta andis oma monumendimääratluse vastusena küsimusele, kas oluliste ehitiste lagunemist tuleks takistada ja neid monumentidena säilitada või mitte.
12. Robert Musil, "Monuments", in Robert Musil, "*Selected Writings*", Burton Pike and Joel Agee Eds., New York: Continuum, 1995, pp. / lk 320–321.
13. Ibid, p. / lk 322.
14. Rosalind E. Krauss, "Sculpture in the Expanded Field", *October*, 8 (1979), p. / lk 33.
15. See / Vt: Georges Bataille, "Critical Dictionary", published in various issues of the journal / erinevates numbrites väljaandes *Documents*, Paris, 1929–30, and Rosalind E. Krauss, "The Photographic Conditions of Surrealism", "*The Originality of the Avant-Garde and Other Modernist Myths*", Cambridge, MA and London: The MIT Press, 1986.
16. Published in Le Surréalisme au service de la revolution, May 1933. / Avaldatud ajakirjas "Le Surréalisme au service de la revolution" viiendas numbris, mis ilmus 1933. aasta mais.
17. During the 1960's Oldenburg produced a whole series of proposed monuments to everyday objects – a humorous pop-gesture, but iconoclastic in its essence. 1960. aastatel lõi Oldenburg terve sarja argiesemetele pühendatud monumentide kavanditega – humoorikas popkunsti vaimus žest, kuid olemuselt ikonoklastiline.
18. For a detailed account of these works alongside a more elaborate analysis of Krauss arguments on the relationship between sculpture and monument, see / Lähemalt on neid töid puudutatud koos täpsema analüüsiga skulptuuri ja monumendi omavahelise suhte kohta Kraussi käsitluses, vt: M. Troensegaard, 'What's in a Name? Questions for a new monument', *Stedelijk Studies*, no. 4, Spring, 2016, accessed / külastatud 19.03.2018, https://www.stedelijkstudies.com/journal/whats-name-questions-new-monument/.
19. Peter Walker, "Heygate pyramid: London estate's evicted residents damn art plan", *The Guardian*, 12 December 2013, https://www.theguardian.com/uk-news/2013/dec/12/heygate-pyramid-london-estate-evicted-condemn-artwork, (accessed / külastatud 21.03.2018); Christopher Jones, "Pyramid Dead – The Artangel of History", *Mute*, 17 April 2014, accessed / külastatud 21.03.2018, http://www.metamute.org/editorial/articles/pyramid-dead-artangel-history.
20. Vladimir Tomic in conversation with Julie Johansen, / Vt Vladimir Tomici vestlust Julie Johanseniga: "Remembering the Nowhere – Interview med Vladimir Tomic", *Kopenhagen Magazine*, 07.03.2016, accessed / külastatud 03.08.2016, http://kopenhagen.dk/magasin/magazine-single/article/remembering-the-nowhere-interview-med-vladimir-tomic/.

Kerbstones and Other Monuments

Interview with Toomas Paaver

Äärekivi ja muud monumendid

Intervjuu Toomas Paaveriga

Construction doesn't always go according to the best-laid plans—life is in constant motion. We live in a city at the same time that we plan it. Day after day, we have to make small but carefully thought-out movements, as even the tiniest detail can give rise to big ideas.

Toomas Paaver is a 'public architect'. These two words don't express a specific post but form a catchall term describing his practices. He has participated in multiple public projects related to spatial practice in Estonia, including drafting standards governing the architect's profession, designing buildings, working as a city architect and lobbying the city government as a private citizen. No two projects are alike in terms of his role—it ranges from urban planning to positioning street lights.

In an interview in snowy Tallinn, we discussed the unfinished as an asset, weakness as potential, and the relationship between authority and practice. At one point, he answers the phone, discusses the depth of a pavement edge for the Tallinn High Street construction project, speaking about reconciling the conflicting needs of visually and physically impaired users. After that, our conversation continues around similar topics.

Significance of detail

Toomas Paaver: It has so happened, that even at my own front gate, while the asphalt was still hot and soft, I used my hands to adjust it by a couple of centimetres so that everything would be just right.

Weak Monument: Does such a detail have importance in the big picture?

TP: No, not in this case, because this is a matter limited to an individual house. But recently, for instance, thanks to active citizens and the general atmosphere in the run-up to elections, a little insignificant kerbstone at one end of Vana-Kalamaja Street in Tallinn was dropped, and that really did involve something that was practical for everyday life as well as for a bigger urban

Asjad ei käi nii, et kõigepealt planeerime hoolega ja siis ehitame—elu on pidevas liikumises. Elame linnas, mida samal ajal planeerime. Päevast päeva tuleb teha väikeseid, aga samas tarku liigutusi, sest pisimgi detail algatab suuri ideid.

Toomas Paaver on nii-öelda "avalik arhitekt". See ei osuta ühelegi kindlale ametikohale, vaid kirjeldab Toomase tööd erisuguste tegevuste üleselt. Ta on kaasa löönud paljudes Eesti ruumiloomega seonduvates avalikes projektides, mis hõlmavad nii arhitekti ametiga seotud dokumentide koostamist kui ka hoonete projekteerimist, nii tööd linnaarhitektina kui ka linnavalitsusse helistamist tavakodanikuna. Tema osalus on harva kivisse raiutud—see ulatub planeerimisest kuni tänavavalgustite paigutamiseni.

Arutame kevadlumises Tallinnas poolikusest kui väärtusest, nõrkusest kui potentsiaalist, võimu ja praktika suhetest. Ühel hetkel võtab ta vastu telefonikõne, arutab sentimeetri või kahe kõrgusest servast "Tallinna peatänava" ehitusprojekti vertikaalplaneerimise kavandamisel, rõhutades vajadust ühildada liikumis- ja nägemisraskustega inimeste vastakaid vajadusi. Siis meie vestlus jätkub.

Tähenduslik detail

Toomas Paaver: Ma olen isegi oma koduvärava juures sellist asja teinud, et kui asfalt on veel kuum ja pehme, siis sätin oma kätega veel mõne sentimeetri, et asjad ikka hästi jääks.

Nõrk monument: Kas see detail on tähtis ka suuremas pildis?

TP: Ei, seda mitte, sest see on ühe maja asi. Aga näiteks sai hiljuti tänu kodanikuaktiivsusele ja valimiseelsele õhkkonnale madaldatud üks tühine äärekivike Vana-Kalamaja tänava otsas Tallinnas, kus tõesti seostub kodaniku igapäev ja samal ajal suurem linnaehituslik mõte. 2013. aastal tõmbasin käima selle piirkonna arhitektuurivõistluse, et vanalinnast mereni tekiks jalakäijasõbralik esinduslik tee. 2017. aastal toimus võist-

design concept. In 2013, I initiated an architecture competition for that neighbourhood, the aim being to end up with a pedestrian friendly, representative way to walk from the Old Town to the seaside. In 2017, the competition was duly held and the work on that street will continue. But that little kerbstone is important *now*. It was inadvertently raised with the reconstruction of the tram tracks, negatively affecting a key trajectory of people's everyday movements. Having a dropped kerb there is important for the interests of leading a normal life right away, but it's also a small step in the longer term so that Vana-Kalamaja Street would start developing in a good direction.

WM: One kerbstone was dropped and through that action, new potential is opening up.

TP: Sometimes you can spoil a whole neighbourhood by raising a kerbstone. For example, if it results in disrupting a natural bike trajectory, cyclists will get in cars or move somewhere else and the same place will see a proliferation of cars which will change the entire environment and the services there.

WM: You have been associated with various public realm projects. One thing that took on symbolic importance in Tallinn was the reconstruction of Soo Street [catalogue B08b]. That time, you were involved in the project as an activist. It is a symbolic project because it created a precedent for a kind of public realm project that Tallinn had not had in the past. That's common knowledge. Very specific spatial decisions turned an arbitrary street reconstruction into a project with a broader public significance—something that might be hard for an international audience to comprehend. This directly affects everyone who is using Tallinn's streets and living in this city.

TP: It was a surprise that the project got so much attention. That street was on my everyday route, but hopelessly unpleasant. A key starting point was noticing that the city was planning a

lus ja töö ilmselt jätkub. Aga praegu on oluline see väike äärekivike, mis tõsteti koos trammitee ehitusega kogemata kõrgele, rikkudes nii igapäevaelus olulise liikumissuuna. See üks väike tänava äärekivike oli vaja alla lasta, et elada normaalselt nüüd ja kohe, aga see on ka üks sammuke pikemas perspektiivis, et Vana-Kalamaja tänav hakkaks heas suunas arenema.

NM: Üks äärekivi sai allapoole lastud ja selle tegevuse kaudu avaneb laiemalt mingi uus potentsiaal.

TP: Mõnikord võid ühe äärekivi tõstmisega kogu asumi linnaruumi ära rikkuda, sest kui sellega näiteks kogu loomulik jalgrattateekond katkestada, siis jalgratturid istuvad autosse või lähevad mujale elama ja sama koht autostub üle, mis muudab kogu keskkonda ja sealseid teenuseid.

NM: Oled olnud seotud paljude avalike ruumi projektidega. Üks, mis omandas Tallinnas sümboolse tähenduse, on Soo tänava ümberehitus, kuhu sekkusid aktivisti positsioonilt [kataloogis B08b]. See projekt on sümboolne, sest lõi pretsedendi sellisele avaliku ruumi projektile, mida enne Tallinnas polnudki. See on üldtuntud. Väga konkreetsete ruumiliste otsustega loodi tänava ümberehitamisest projekt, millel on laiem tähendus. See puudutab otseselt igaüht, kes seal liigub ja siin linnas elab.

TP: See oli üllatus, et see projekt nii palju tähelepanu sai. Soo tänav oli mu igapäevateekond, aga lootusetult ebameeldiv. Oluline alguspunkt on tähele panna, et linn kavandab ümberehitust. Kui kuskil midagi ehitama hakatakse, siis läheb sinna suur hulk raha ja tuleks mõelda nii, et ehitame siis sellise asja, mis olukorda päriselt parandab. Muidu juhtub kergesti, et teeme maa-alused torud korda ja asfalteerimisega kao-

reconstruction. When construction starts somewhere, it signals that a great amount of money gets put into it and we should think about building something that will improve the situation for real. Otherwise it could easily happen that we get the underground pipes in order and pave over the potholes but we put off the cycle path for a later date—we will compose a masterplan and do it properly in the future. You need to be a little sceptical when it comes to such a plan. There's no point in thinking that way. Take Soo Street: the new version was built in 2013, but proceedings are still dragging on for the North-Tallinn masterplan which the street is a part of. We've been leading normal lives with the aforementioned change in the urban space for five years now, a pretty good percentage of our time on Earth.

This is a conclusion I've drawn from my various work for the public sector—it doesn't work in a way that we carefully plan first, then design and then build. Actually, life is in motion the whole time and if we are not inside that ongoing process and don't take carefully considered actions, we won't get anywhere. We'll just miss the boat. Planning is important but getting the right things done at the right time is even more important. At the same time, you have to have an intuitive understanding that such an action is also good from the planning perspective.

WM: Is there anything else that has amplified the spatial importance of Soo Street?

TP: I remember how in summer 2013 while the street was under construction, I was about to take a trip somewhere and on the way to the airport my taxi went down Soo Street and I noticed that a streetlight had been installed. I went on my trip with a light heart. The first streetlight was up, in the right place, at the right height—it meant the project would come to something.

At first, we hoped to succeed at designing a proper city street, with furniture, landscaping and paved surfaces. But there was

---

tame tänavaaugud, aga seda, kas teha jalgrattateed, vaatame tulevikus—kavandame üldplaneeringuga ja võtame selle korralikult ette. Sellisele mõttekäigule tuleb osata natukene vastu vaielda. Nii ei ole mõtet mõelda. Näiteks Soo tänav ehitati ümber 2013. aastal, aga Põhja-Tallinna üldplaneering on siiamaani menetluses. Me oleme saanud jutuks oleva linnaruumi muutusega juba viis aastat normaalselt elada, mis moodustab juba päris korraliku protsendi kogu elust.

See on minu avaliku sektori tööde tulemusel tekkinud järeldus, et asjad ei käi niimoodi, et kõigepealt hoolega planeerime, siis projekteerime ja siis ehitame. Tegelikult elu käib kogu aeg ja kui me ei ole selles jooksvas protsessis sees ning läbimõeldud tegusid ei tee, siis ei jõuagi kuskile. Aeg läheb enne eest ära. Planeerimine on tähtis, aga õige asja ärategemine õigel ajal veel tähtsam. Samal ajal peab muidugi olema aimdus, et see on ka planeeringuliselt hea otsus.

NM: Kas on veel midagi, mis Soo tänava märgilisust ruumis on võimendanud?

TP: Ma mäletan, kuidas 2013. aasta suvel, kui tänavat ehitati, hakkasin reisile minema ja teel lennujaama sõitsin taksoga läbi Soo tänava ning märkasin, et üks valgusti on püsti pandud. Läksin kohe kerge südamega ära. Esimene valgusti püsti, õiges kohas ja õige kõrgusega. See tähendab, et projektist saab asja.

Ma räägin selle loo siin taustaks ära. Algul lootsime, et õnnestub projekteerida korralik linnatänav, mööbli, haljastuse ja katenditega. Aga eelarvet, millega kavandada, ei olnud ja linna eesmärgiks oli lihtsalt tänavat remontida. Ega seal arhitekti projekteerimas polnud. Ma hakkasin tegutsema omaalgatuslikult ja nii sai neid asju seal välja

Detail of Soo Street in North Tallinn area with widened corner for footway, levelled ground heights and strategically placed street lights.

Detail Soo tänavast Põhja-Tallinnas laiendatud tänavanurgaga kõnniteel, nivelleeritud maapinna kõrguste ning läbi mõeldud valgustite asukohtadega.

© 2018 Weak Monument

no budget for designing and the city's goal was merely to repair the street. There weren't any architects involved in designing it. I started acting on my own initiative and that is how those elements got proposed. For some reason, there was this vision that the most compelling element in that street space—besides the layout of the foot and bike paths—had to be a row of lights that would unconditionally be lower than the lower edges of the roofs and that had to be in the middle of the street. As no other urban space elements were designed in the end, that little idea visually became the most powerful one. It somehow worked out so that the engineers drew that low row of lights

pakutud. Miskipärast tekkis visioon, et kõige jõulisem element seal tänavaruumis peab peale liikumisteede jaotuse olema valgustirida, mis tingimata peab olema räästastest madalam ja tänava keskel. Kuna muid linnaruumielemente lõpuks ei kavandatudki, siis see väike mõte muutus visuaalselt kõige jõulisemaks. Kuidagi õnnestus nii, et insenerid joonistasidki selle madala valgustirea sinna tänava keskele ära, kuigi selles kaheldi väga palju. Nüüd on hea näha, et linn paneb nende valgustite külge veel kõikvõimalikke kaunistusi, mis tõstavad tänavat esile nagu tõsist promenaadi. Tookord vist sai tehtud õige valik.

Subjektide struktuur

NM: Oled tegutsenud nii institutsionaalsel tasandil kui ka aktiivse kodanikuna, esindades mitmesuguseid seltse ja mittetulundusühinguid. Need tunduvad väga erinevad rollid?

TP: Minu arvates pole neil olemuslikku vahet. Seepärast koondangi oma praktika sõnapaari *public architect* (n-ö avalik arhitekt) alla. Kui ma töötasin linnaarhitektina Kuressaares või tegutsesin aktiivse kodanikuna Kalamajas või töötasin riigiametites või olen olnud Arhitektide Liidu esindaja või midagi projekteerinud lihtsalt arhitektina, siis on minu mõtlemises olnud läbivad jooned. Mõte seisneb selles, et ehitamist ehk pikaajalist muutust kavandades tuleb mõelda igaühele, keda see puudutab. Näiteks eramu puhul on neid inimesi vähe, aga avalikus ruumis on see nii elementaarne, et ma mõtlen, miks ja kust see küsimus üldse tekib.

On loomulik, et kui töötad avalikus sektoris, ükskõik missuguse koha peal, siis seda peabki mõtestama nii, et oled rahva esindaja. See töö on suunatud üldsusele. Isegi kui ülemus annab teistsuguseid käsklusi,

in the middle of the street although there was much doubt expressed about it. It's good to see now that the city is adding all manner of decorations to the lights that highlight that street as a promenade. I guess the right decision was made back then.

Structure among subjects

WM: You have been active at the institutional level but also as a citizen representing various societies and non-profit associations. These seem like very different roles?

TP: I would argue there's no essential difference between them. That is why I would describe my practice under the umbrella of the term 'public architect'. When I was the city architect in Kuressaare or a civic activist in Kalamaja district or when I was in the public service or represented the Association of Architects or when I have designed something as an architect, there have been common threads in the way I think. The idea is that when you are planning construction or long-term changes, you have to think about everyone it affects. For example, with a detached house, there are only a few people affected, but in public realm it is so elementary a consideration that I wonder why and from where your question even arises.

It is natural that if you're working in the public sector in whichever position, you have to conceive of yourself as representing the people. Because the work is aimed at the public. Even if your bosses give you different orders, you have to think of your work in that way and it can be directed from the bottom up. The entire citizenry of a country or populace of a city has selected someone to represent them; that person, in turn, hires officials and they should work in the interests of the residents. That's the crux of it. The only difference is that being in the role of architect or another role representing a community of citizens, I don't get paid for it, but the work is similar in its nature.

tuleb oma tööd ikkagi niimoodi mõtestada ja seda saab juhtida alt üles. Kogu riigi kodanikkond või linna elanikkond on valinud kellegi ennast esindama, kes võtab tööle ametnikud ja nende töö on elanike huvides. See on asja olemus. Mingi kodanikkonna esindajana arhitekti või ükskõik kelle rollis olles on vahe lihtsalt selles, et ma ei saa selle eest palka, aga töö olemus on sama. Pole ka tähtis, et üks puudutatud isikutest olen mina ise. Miks see nii võõras tundub?

NM: See ei tundugi võõras. Nagu sa ütlesid, tundub see loomulik, kuid samas on see üsna äärmuslik seisukohavõtt.

TP: Tööd peab ikka tegema nii, et teadvustad, kelle heaks sa seda tööd teed. Ametnik töötab justkui maksumaksja palgal, see tähendab maksumaksja heaks. Ka iga seaduse mõte on kaitsta ühiseid väärtusi, sealhulgas iga üksikisiku igapäevast elu. Kui su ülemus mõtleb teistmoodi, siis ta lihtsalt ei mõtle õigesti ja võib-olla tuleks ta suunata õigetele radadele.

Tihti mõeldakse, et ülemusele või bürokraatlikele reeglitele tuleb alluda. Milleks üldse midagi kästakse, seda vahel ei tajutagi. Need käsud, mis sealt tulevad, peavad tulema ikka inimeste huvides. Kui see ei ole mõtestatud, kuidas käsk või reegel üldsuse huvides on, muutub see ju mõttetuks.

Kõik hakkab pihta isikutest ehk subjektidest. Üksikisik on subjekt, perekonda või kogukonda võib käsitleda subjektina ja ka riik on subjekt. Riik on selline subjekt, kes esindab ühisväärtusi. Subjektide struktuur on vajalik, et kõiksugu mõttetutest reeglitest lahti saada. Kui me jõuame selleni, et mõni reegel ei olegi ühelegi subjektile oluline, siis on see mõttetu. Aga kui ta on kas või mõnelegi subjektile tähtis, siis ta ongi oluline.

Nor does it matter that I'm one of the persons affected. Why does it seem so strange?

WM: It doesn't seem strange. The way you describe it, it seems natural but at the same time, it is also a highly particular position to take.

TP: You have to do your work so that you know who you're doing it for. A public servant works on the taxpayer's dime, which means they work for the good of the taxpayer. The point of every law is to protect common values, including the everyday life of every individual. If your superiors think otherwise, then your superiors are simply mistaken and maybe they should be guided back to the right track.

Often people think that they have to obey their boss or bureaucratic rules. People sometimes don't even realise why the orders are given. In terms of their nature, it should be understood that the commands that are handed down from up high must ultimately be in people's interest. If it is not conceived how a rule or command is in public interest, it becomes pointless, doesn't it?

Everything should start with the individuals—the subjects. An individual is a subject, and a family or community can be seen as a subject and the state, too, is a subject. The state is a subject who represents shared values. Structure among subjects is necessary to get rid of all sorts of pointless rules. If we get to the point where a rule isn't important for any subject, it is pointless. But if it is important for even one subject, it is important.

The potential in weakness

WM: You've often talked about the constant state of incompleteness, smallness and scarcity as being idiosyncratic to Estonia—and then of the *potential* of those particularities. How does that manifest?

Nõrkuse potentsiaal

NM: Oled korduvalt rääkinud Eesti omapärana poolikusest, väiksusest ja vaesusest ning selle omapära potentsiaalist. Kuidas see avaldub?

TP: Teiegi mõtlete oma projektis nõrkusest kui tugevusest. Me võiksimegi näha oma Eesti vaesust tugevusena. Väärtustame kõike olemasolevat ja lähme samm-sammult edasi.

See mõttekäik võiks alguse saada aastasadade pikkusest Tallinna vanalinna ajaloost. Miks on meie vanalinn nii väärtuslik? Just seepärast, et siin on vaesuse tõttu säilinud nii palju—on säilinud kõiki ajastuid ja on säilinud suur mitmekesisus. Ühiskonna muutudes ei ole maha lammutatud seda, mida enam ei peeta moekaks. Natuke on midagi tehtud, aga palju on jäänud alles. Nii ongi kujunenud vanalinn, mis on tõeliselt mitmekesine ja samal ajal säilitanud oma ühtsuse. Sellest, kuidas vaesus on suutnud luua, algabki see mõttekäik.

Mul on selline raskesti põhjendatav aimdus, et kõike, mis on praegu olemas, peaks väärtustama. Asjadest, mida me hetkel vihkame või mis ei tundu moekad, on ka võimalik tulevikus midagi head teha lihtsalt tänu sellele, et miski on juba olemas. Seda tasub vähemalt iga kord läbi kaaluda. Vanalinna ajaloolist kogemust mõtestades tundub, et see võiks kehtida ka tänapäeval. Ei pea raiskama raha lammutamise ja ehitamise peale, vaid saame kasutada palju olemasolevat.

Samamoodi võiksime mõtelda kas või paneelmajade rajoonidest. Paljud ütlevad, et lammutame ära; et need lagunevad nagunii ära. Aga raudbetoonkarkass püsib aastasadu, kui seda korras hoida. Veelgi tähtsam on see, et paneelmajades on tohutu hulk kodusid, igaühel juba oma lugu. Paljud elanikud väär-

TP: You, too, think of weakness as a strength in your project. We could see Estonia's lack of great wealth as a strength. We value everything that exists and we will forge ahead step by step.

This thought process could start from the centuries-long history of the Old Town of Tallinn. Why is our Old Town so valuable? Precisely because so much has been preserved here due to lack of great public wealth—there are layers from all the eras, a great diversity. Society changes, but everything that is not considered fashionable anymore does not simply get demolished. A little bit of it has been destroyed but much has been preserved. And this is how the Old Town has taken shape – it's truly diverse and has retained its integrity. How poverty has managed to create something—this leads off an interesting train of thought.

I have this intuition that is hard to prove—everything that exists right now should be valued and things we currently despise or don't deem fashionable...even these things can be turned into something good in future just based on the fact that they're already there. As such, they are at least worth to be considered. In thinking about the historical experience of the Old Town, it seems that this could apply in the present-day too. We don't have to spend money on demolition and subsequent construction but we can use much of what already exists.

In the same way, we could think more about, say, the Soviet-era housing estates. Many say, let's raze them, they are crumbling anyway. But a reinforced concrete structure will stand centuries if it's maintained properly. Even more important is that there are many homes in those buildings, each one already has its own story. Many residents put value on it or don't want to start building a new life in a new place. There is value in and of itself in something that we already have, in that at least it doesn't have to be newly constructed.

WM: But preservation doesn't go well with big plans.

---

tustavad seda või ei tahaks elamist nullist alustada. Kui meil on midagi olemas, siis on see juba selles suhtes väärtus, et me ei pea uuesti ehitama.

NM: Aga säilitamine ei käi hästi suurte plaanidega kokku.

TP: Näiteks 1930. aastad oli ju Eestis suurte plaanide tegemise aeg. Kõnekate näidete hulgas meenub üks Tartu Ülikooli õppehoone peahoone kõrval. Arhitektile mõjub see täiesti veidralt, et miks üks hoone on ehitatud kõrvalmajaga võrreldes kummalise nurga all, paar meetrit eemale. Selline esinduslik maja niimoodi kummaliselt Tartu tänavate struktuuris. Taustaks on hea teada, et seal kõrval on 19. sajandil projekteeritud arhitekt J. W. Krause ülikooli peahoone, mis on kavandatud suure üksikobjektina, millel on selge struktuur, kuus sammast, kaks tiiba, aga ümberringi tavalised vanalinna kvartalid. Sajand hiljem, 1930. aastatel tekkis plaan, et vanad majad ja kvartalid võetakse maha ja siia võimsa ülikooli peahoone ette tekitatakse suur täisnurkne sümmeetriline väljak, mida raamivad uued majad. Aga mis tegelikult juhtus, on see, et 1939. aastal sai suurejoonelise plaani järgi üks hoone valmis ja siis tuli sõda peale. Isegi sõjas jäid ülejäänud kvartalid alles ja siis tuli juba teistmoodi aeg. 20. sajandi lõpupoole hakati neid maju väärtustama ja nii see jäi. See, et selline imeliku nurga all olev maja on seal kõrvuti ajaloolise majaga, on omamoodi jälg sellest, kui kaugele Eestis suudetakse suuri plaane ellu viia ja miks mitte justkui monument sellele. Enam ei plaani keegi seda suurt väljakut teha. Niimoodi ajalugu siis formeerus. Eesti on selliseid näiteid täis.

NM: Kas sellist justkui poolikut olekut hinnatakse praegu ühiskonnas?

TP: Isegi kui ei hinnata seda poolikus

Aerial view on Tartu University buildings bearing traces of the grand plan that didn't happen.

Ortofoto Tartu Ülikooli õppehoonetest kandmas jälgi ellu viimata suurest plaanist.

© Maa-amet, 2018

TP: For example, the 1930s were a time when big plans were made in Estonia. Among the very expressive examples I recall is the University of Tartu academic building that is positioned across the street from the main university building and is awkwardly close to a historic one in the same quarter. For architects, it seems totally odd why one building would be built at a strange angle to and only a couple of metres away from the one next door. Such a prestigious building, so oddly placed in the structure of Tartu's streets. As background, I'd note that the main building of the university was designed in the 19th century by architect J. W. Krause as a major standalone piece of architecture, with a clear structure, six columns, two wings, and a dense urban fabric of a historical centre surrounding it. A century later, in the 1930s, a plan was hatched for old buildings and quarters to be taken down and a large, rectilinear symmetrical square to be created in front of the imposing main building, framed by new institutional buildings. But what actually happened was that only one of the buildings was completed according to the grandiose plans in 1939 and then the war broke out. The surrounding historic quarters withstood the war and then a different era started. At the end of the 20th century, these buildings began to be valued and so they remained. The fact that this one building out of the planned ensemble is at an odd angle to its historic neighbour is a sort of sign as to how far big plans get taken in Estonia and, well, it's sort of a monument to it as well. No one plans to create that grand square anymore. That is the way history hardened and cooled. Estonia is full of such examples.

WM: Is incompleteness like that valued as a concept in today's society?

TP: Even if living in such an incomplete space is not appreciated, we still *do* live in it. In such a situation, gestures take on great importance, small gestures that are made by economically relying on the existing space. Last year the architects of Kavakava and I

ruumis elamist, siis me ikkagi elame selles. Sellises olukorras omandavad suure tähtsuse liigutused, mis tehakse väikselt ja odavalt, tuginedes olemasolevale ruumile. Tegime eelmisel aastal koos Kavakava arhitektidega töö, mille nimeks Tallinna Mereäärse Kesklinna Visioon ning mille keskne element on linnatänavate võrgustik senistel tühermaadel. Aga elu on liiga lühike, nii et ei saa uskuda, et me sellist visiooni ellu viidud kujul näeme, sest nendest tühermaadest tekib hea linn vaevaliselt. Selleks et saaksime oma mereäärt ka kohe päriselt hinnata, on kodanikud püüdnud midagi päriselt ja hästi ära teha. Siis saab sellest kinni hoida ja sinna midagi külge kasvatada.

Teate Kalaranda? Kas te seal ujumas olete käinud?

NM: Ei ole, küll aga oleme seal langevaid tähti vaadanud.

TP: Neid vaadatakse vist seal uputatud laeva peal? See on ka jälle üks olemasolev element. Vahel seda peetaksegi muuliks. Kalaranna selles lõigus on eriline kohaspetsiifiline tunne, mida on saanud väikeste linnainstallatsioonidega võimendada — need ongi need väikesed sammud, mida on saanud Tallinna mereääre avamiseks viimasel aastakümnel teha. Kui rannajoonel on olemas väikesed mõnusad kohad, siis see nagu ei häirigi, et ümberkaudne ala on tühermaa.

Üks tore nüanss on selline, et arendaja on vist vanad kalatehase majad, mis seal kunagi olid, vette lükanud. Seal on rannakivikesed hoopis mingisugustest ehitusmaterjalidest: on eri tüüpi telliseid, keraamikat ja asfalti, ja meri on nad kõik ümmarguseks lihvinud. On aru saada, et see on ehitusmaterjal, aga samas on nad merekivid. See, et rand koosneb sellistest kividest, on ju ka omamoodi väärtus!

People walking towards Kalarand across the surrounding brownfield site.

Inimesed teel Kalaranda üle ümbritseva tühermaa.

© Delfi.ee, Ilmar Saabas, 2015

Pebbles composed of construction materials from Kalarand.

Ehitusjääkidest merekivid Kalarannas.

© 2018 Roland Reemaa

worked on a project called Seaside Vision for Tallinn City Centre. Its core element is a street grid imposed on current brownfield sites. But life is too short to think that such a vision will be seen through to the end, because a good urban space emerges from this wasteland only fitfully. To allow us to appreciate and value our seafront now, active citizens have taken lead with pursuing well thought-through immediate projects. We can hang on to them and graft the living city on to them.

Do you know Kalarand? Have you swum there?

WM: No, but we have watched shooting stars there.

TP: Ah, people watch them from the sunken ship? That's another existing element. Sometimes people think it is a solid structure, a breakwater. That stretch of Kalarand has such a specific sense of place that has been amplified with small urban interventions. These are the small steps that have been taken to open up Tallinn's seafront in the last decade. If there are little pleasant places along the shoreline, it doesn't bother you that the surroundings are a wasteland.

A nice nuance is that the developer has, I think, pushed the old fishing plant buildings that stood there at one point into the water. The pebbles on the shore are actually made of construction materials: different types of bricks, ceramics, asphalt, all worn smooth by the sea. You realise that it's construction material, but they are also pebbles. It's an asset in its own right that the beach is made up of stones like that!

WM: It's a good story that gives a space a different sort of feeling right away. It ties in with the topic of the meaning of space and its value that I'd like to hear your thoughts on. It is easy to relate to great pathos. A traditional monument creates a sense of enduringness or at least that's its core idea. What is the symbolic value of a kerbstone or some of the other spaces we've talked about today?

NM: See on hea lugu, mis annab ruumile kohe teistmoodi tunde. Siin võikski rääkida ruumi sümboolsest väärtusest. Suure paatosega on lihtne suhestuda. Traditsiooniline monument tekitab kestva järjepidevuse tunde või vähemalt see on selle mõte. Mis on äärekivi või mõne muu täna arutlusele tulnud ruumielemendi sümboolne väärtus?

TP: Minu meelest saab midagi nimetada monumendiks siis, kui sellel on mingi eriline tähendus. Nagu teie leitud pilt Berliinis katkestatud trammiteest [kataloog B02B]. Küllap sellel väljalöödud tänavakivil on tõesti monumendi tähendus, aga see oleks tähtsusetu, kui sellel suurt lugu juures ei oleks.

Mulle tundub, et monumendi loob alati mingi suur ühine lugu. Sellel muidugi võibki olla ka mingi võimas vorm, mis seda lugu räägib, aga see vorm võib olla ka tagasihoidlik. Põhjus, miks ikkagi monumente on vaja, on see, et inimesed, või ühiskond laiemalt, vajavad sümboleid. Samamoodi nagu on ühiskonna ühishuvi näiteks see, et linnaruumis oleks normaalne liikuda, on tal vajadus ka sümbolite kui ühiskonda ühendavate elementide järgi. Ühishuvide tervikpilt on mitmekesine.

NM: Minu perealbumis on pilt, mille ema tegi minust 1991. aastal, kui ma seisin Toompeal barrikaadide ees [kataloog B01B]. Huvitav on mõelda, kuidas need kivirahnud said oma loo tõttu väga tähenduslikuks ja nende ees käidi isegi pildistamas.

TP: Ka minu jaoks on nende rahnude taga tähenduslik lugu. Ma elasin toonastele sündmustele kaasa ja jälgisin nende kivirahnude elu huviga — olin siis 14-aastane ja tulin Tartust neid spetsiaalselt vaatama. Need toodi 1991. aasta jaanuaris pärast Vilniuse teletorni ründamist ennetavalt Toompead kaitsma.

TP: I think you can call something a monument if it has some special meaning. Like the picture you found of the disrupted tramway in Berlin [catalogue B02B]. No doubt that paving stone that was chiselled out has meaning as a monument, but it would be meaningless if it wasn't accompanied by a great narrative.

It seems that a monument is always created by some grand shared story. Of course, it could have an imposing form that narrates it, but the form can also be modest. Why do we need monuments, anyway? It's because people or society in general need symbols. Just like society has a common interest in an urban space that is easy to navigate, it also needs symbols as elements that unite it. The composite picture of common societal interests is diverse.

WM: There's a picture in my family album that my mother took of me in 1991 standing in front of the Toompea barricades [catalogue B01b]. It's interesting to consider how, because of their story, those chunks of stone became very meaningful and people even posed for photographs by them.

TP: For me as well, those "boulders" have a meaningful story. I got caught up in the events and followed the life of those barricades with interest, I was 14 at the time and I made the trip from Tartu just to see them. They were brought to Tallinn in January 1991 for the defence of Toompea, the historic as well as contemporary political centre of Estonia, after the attacks at the Vilnius TV Tower in Lithuania. I took note that there were two of them by the Pikk Jalg Gate Tower on the street leading to the castle. There was a wall of concrete slabs in front of Toompea Castle itself, presumably for additional defence. Later, during the August Coup, when there was real danger, you could see big trucks blocking the entire width of the street leading up to Toompea Hill. So, there were different elements and the granite rocks were of course the most symbolic and imposing ones.

Toompea barricades in diverse use in 1991–1992.

Toompea barrikaadid 1991–1992. aastal mitmekülgses kasutuses.

© Eesti Kodukaitse Ajaloo Selts, 1991

View of Tallinn from the West. Engraving from book of travels.
Vaade Tallinnale läänest. Gravüür reisiraamatust.
Adam Olearius "Offt begehrte Beschreibung den Newen Orientalischen Reise ...", 1647 © National Library of Estonia

To this day, I still think about how wild it was that Toompea was still functioning as the kind of fortification it was originally intended to be. You bring in a couple boulders and there you have it. Everywhere else, there are natural and constructed fortification walls anyway, which no tank could get across. Toompea itself is the biggest monument of all, as it is still functional when needed.

Toomas Paaver has been the city architect in Kuressaare and an advisor at the Estonian Ministry of Internal Affairs. He practices as an architect at OÜ Linnalahendused and OÜ Paik Architects. Since 2011, he is actively developing urban realm projects together with Telliskivi Neighbourhood Association as well as taking part in other citizen-lead public initiatives. In 2015, Toomas Paaver received Estonian Young Architect Award's special prize.

Märkasin, et kaks rahnu oli ka Pika jala väravatorni juures. Üleval Toompea lossi ees oli ilmselt lisakaitsena betoonpaneelidest sein. Hiljem, augustiputši ajal, kui tekkis päriselt oht, võis telekaadrites näha Toompeale viival tänaval lisaks suuri veoautosid kogu tänava laiuses. Nii et oli erinevaid elemente, aga need graniitrahnud olid muidugi kõige sümboolsemad ja jõulisemad.

Siiamaani käib mul peast läbi, et vaata kui äge—Toompea ikka veel töötas sellise kindlusena. Paned paar rahnu ja ongi. Igal pool mujal on nagunii selline sein, kust ükski tank üles ei roni. Toompea ise on vaat veel kõige rohkem monument, sest vajadusel on see ikka veel funktsionaalne.

Toomas Paaver töötas Kuressaare linnaarhitektina ja Siseministeeriumis planeeringute osakonna nõunikuna. Ta töötab oma ettevõtetes OÜ Linnalahendused ja OÜ Paik Arhitektid. Ta tegutseb aktiivselt linnaruumi arendamisega läbi mitmete kodanikualgatuste, sh MTÜ Telliskivi Seltsi liikmena.

Between Monument and Riddle
Weakness and Estonia

Eik Hermann

Monumendi ja mõistatuse vahel
Nõrkus ja Eesti

Eik Hermann

> There can be strength in weakness, determination in vacillation, consistency in inconsistency and also greatness in what is small. Bold cowardice, softness sharp as steel, an aggressive retreat.
>
> Witold Gombrowicz, "Diary"

1

In Kafka's short story "The Great Swimmer", the main character is back in his homeland after winning an Olympic gold medal in swimming. The train arrives, people are waiting with flowers, the band plays, orators deliver moving speeches, the atmosphere is festive. And yet the main character just can't understand how all that is even possible—in fact, he realises, he doesn't even know how to swim and the people are talking in an incomprehensible language.

Using very economical means, this story develops the main motif of the weak monument. The Olympic champion is the ideal type for a certain model of action that casts a great individual—hero—in the role of an entire national body, whose willpower is represented in major feats of great individuals. Even if a monument is not (yet) erected here, the whole ceremony can nevertheless be described as monumental. In the second half of the story, Kafka wipes the whole logic off the table and another tonality gains ground: physical ineptitude, failing memory, a feeling of alienation, inability to identify with (one's own?) people. The monumental mood is replaced with an air of enigma. The feeling of sacredness does not disappear, but deepening confusion takes up a place alongside it. The protagonist's speech to the crowd, listening with uncomprehending deference to his attempts to explain himself, is fated to go on forever, because Kafka never completed the story—it is only a fragment.

> Nõrkuses võib olla tugevust, kõhklevuses otsusekindlust, ebajärjekindluses järjekindlust, nagu ka suurust selles, mis on väike. Vapper argus, lõikav pehmus, agressiivne taganemine.
>
> Witold Gombrowicz
> "Päevaraamat"

1

Kafka lühijutus "Suur ujuja" saabub peategelane rongiga kodumaale, võitnud äsja olümpiamängudel ujumises kuldmedali. Rong saabub terminali, rahvas ootab teda pärgadega, mängib puhkpilliorkester, kõnemehed peavad sütitavaid kõnesid, meeleolu on pidulik. Ja ometi ei saa peategelane aru, kuidas see kõik võimalik on, sest enda teada ei oska ta üldse ujuda ning rahvas räägib ka mingis talle tundmatus keeles.

See jutt mängib väga ökonoomsete vahenditega läbi nõrga monumendi põhifiguuri. Olümpiavõitja on eeskujulikuks kehastuseks teatavale tegutsemismudelile, mis paneb ühe suure indiviidi—kangelase—esindama tervet laiemat rahvuskehandit, mille teojõudu esindabki kogum sedasorti—suurte—indiviidide suursaavutusi. Isegi kui monumenti siin (veel) ei püstitata, saab kogu tseremooniast sellegipoolest kõneleda kui monumentaalsest. Loo teises pooles pühib Kafka aga kogu selle loogika laualt ja maad võtab üks teine häälestus: kehaline saamatus, mälunõrkus, võõristustunne, võimetus (oma?) rahvaga samastuda. Monumentaalne meeleolu asendub mõistatuslikuga. Pühalikkus küll ei kao, kuid selle kõrvale sugeneb aina süvenev segadus. Peategelase kõne rahvahulgale, kes tema eneseselgituspüüdlusi mõistmatu aupaklikkusega kuulab, jääb igavesti kestma, sest Kafka ei lõpetanud seda lugu mitte kunagi—tegemist on fragmendi, loovaremega.

2

So, what is the point of this literary exercise? One possibility is that Kafka is anticipating the scepticism toward great narratives, a doubt which became more and more predominant in the second half of the 20th century. Especially now, many decades after Kafka's death, in the aftermath of the tragedy of World War II, it is hard not to notice that the stories upon which great triumphant regimes construct their identity are far from innocent. Self-validation always comes at the expense of others, by excluding and silencing someone else. A rigid boundary between us and them is nearly an indispensable component in creating the identity of a great people. Self-creation occurs through drawing a line that separates oneself from both the non-self that lies outside the boundary and the hostile non-pure element within the boundary. Aggression toward the non-self is almost an automatic product of such stories.

The brunt of the sharp criticism that began to be vocally directed against great narratives after WWII was also aimed at monuments. It was no secret that totalitarian regimes loved monuments, using them as a tacit echo of the version of history they propagated. Distilled from reality's undeniably complex richness of nuances and half-tones and the destruction of impurity that took place under the cover of darkness, was an unequivocally beautiful story of how self-sacrificing good triumphed over evil.

But in truth, searches for alternatives and exits from "heroic practices" and the model of action embodied by them started among intellectual elites of the "great nations" already in the beginning of the 20th century. At the end of the 19th century, Nietzsche appears to still be extolling the heroic resistance of an independent-minded individual against the slave mentality of the masses. In the same way, Sartre casts the inauthenticity of collaborationism in stark contrast to the heroic ethic of resistance. Yet alongside these, already in the 1920s, Walter Benjamin talks about the losers' history in contrast to

2

Mis on selle kirjandusliku žesti mõte? Üks võimalus on öelda, et Kafka näib siin ennetavat 20. sajandi teises pooles aina valdavamaks muutuvat kahtlust suurte jutustuste suhtes. Eriti just siis, mitukümmend aastat peale Kafka surma, Teise maailmasõja traagiliste sündmuste kiiluvees oli raske mitte märgata, et lood, mille abil suured võidukad võimurežiimid enda identiteeti konstrueerivad, ei ole sugugi süütud: enda kinnitamine käib alati kellegi arvel, kedagi välistades ja vaigistades. Suure rahva identiteedi loomisel on pea vältimatuks komponendiks jäik piir oma ja võõra vahel: ennast luuakse läbi vastandumise piiri taha jääva mitteendale ja piiri sisse jääva vaenulikule, mittepuhtale elemendile. Agressiivsus mitteenda vastu tuleneb sellistest lugudest peaaegu et automaatselt.

Terav kriitika suurte lugude vastu, mis aina häälekamalt pärast Teist maailmasõda kostma hakkas, võttis mõistagi sihiks ka monumendid. Oli üldteada, kuivõrd armastasid neid paigaldada totalitaarsed režiimid, kasutades neid vaikiva kajana oma levitatavale versioonile ajaloost, milles tegelikkuse hägusast ja kompromiteerivast pooltoonirikkusest ning hämaruse varjus aset leidnud ebapuhtuse hävitamisest oli destilleeritud ühemõtteliselt ilus lugu headuse ohvrimeelsest võidust kurjuse üle.

Kuid õigupoolest on otsingud alternatiivide ja väljapääsude järele nn kangelaspraktikatest ja teomudelist, mida need endas kannavad, kestnud nn suurrahvaste vaimueliitide seas 20. sajandi algusest saati. Friedrich Nietzsche näis 19. sajandi lõpul ikka veel ülistavat isepäise individiidi kangelaslikku vastupanu masside orjalikkusele. Niisamuti vastandas Jean-Paul Sartre kaasajooksmise ebaautentsusele kangelaslikku vastupanueetikat. Kuid selle kõrval räägib Walter Benjamin juba 1920. aastatel võitjate ajaloole vastandavast kaotajate ajaloost. Niisamuti räägib Maurice Blanchot katastroofikirjutusest ning otsib mõtlemist, mida ei saaks

that of the victors'. Maurice Blanchot speaks of "the writing of the disaster" and seeks a way of thinking that could not be hijacked by the propaganda machines; his texts become more and more dialogue-like, fragmentary and tenuous, and paradoxically gain strength from these qualities. Gilles Deleuze and Félix Guattari coin the concept of "minor literature" as opposed to major or grand literature. When Michel Foucault says that the king's head should have long been chopped off in history analyses and a networked history should be told instead, he could have just as well said that the *hero's* head needed to be removed. Jean-François Lyotard's criticism of grand narratives and Gianni Vattimo's "weak thought" fall into the same category, as do many texts in the field of feminist, postcolonial and queer theory, which all cast doubt on the possibility that there could be a history that is total and free of perspective and that there could be monuments with no dark sides. This attitude could be called *antimonumentalism*.

In these ranks, Vattimo is the only one who explicitly called his thinking "weak". In his usage, weakness no longer refers to a shortcoming: he sees that the plenitude of perspectives unleashed from unitary and absolute truth has important advantages. But in fact, weak thought would be a good descriptor for *all* of these avenues of inquiry just mentioned: they all aim to absent themselves from the *exclusive* and *intrusive* narrative means, and strike out in the direction of a more *empowering* and *inclusive* vision. In this way, the designation would refer to a family of tactics that has developed in several directions, all of them not necessarily interconnected.

Why should this—some of it quite old and well-known history—interest us in this case? The fact of the matter is that the tactics the great nations' intellectual elites began to discover little by little in the 20th century, were, due to their situation, long developed and in use among smaller nations and other minority groups.

---

rakendada suurte propagandamasinate teenistusse; tema tekstid muutuvad aina dialoogilisemaks, katkendlikumaks, ebakindlamaks ning koguvad paradoksaalsel kombel sellest aina enam jõudu. Gilles Deleuze ja Félix Guattari leiutavad vähemuskirjanduse mõiste, mis vastandub enamus- ehk suurele kirjandusele. Kui Michel Foucault ütleb, et ajalooanalüüsides oleks juba ammu aeg kuningal pea maha lüüa ning selle asemel jutustada võrgustikulist ajalugu, siis sama hästi oleks ta võinud öelda, et eemaldamist vajab *kangelase* pea. Samasse ritta asetuvad Jean-Francois Lyotard'i suurte jutustuste kriitika ning Gianni Vattimo nõrk mõtlemine, nagu ka paljud feministlikud, postkolonialistlikud ja LGBT-teoreetikute tekstid, mis kõik seavad kahtluse alla, kas ajalugu saab olla totaalne ja perspektiivivaba, ja seega kas saaks olla monumente, millel puuduvad varjuküljed. Seda suhtumist võiks nimetada ka *antimonumentaalseks*.

Gianni Vattimo on selles reas ainuke, kes nimetas oma mõtlemist otsesõnu nõrgaks. Nõrkus ei viita tal enam puudulikkusele: ta näeb oma suuri eeliseid ühtse ja absoluutse tõe tagant vallanduval perspektiivide paljususel. Kuid õiguspoolest sobiks *nõrk mõte* üldnimetuseks *kõigile* mainitud otsinguliinidele: on ju kõigi nende eesmärgiks eemalduda *välistavast* ja *pealesuruvast* jutustamisviisist rohkem *võimestavama* ja *inklusionistlikuma* nägemuse poole. Nii viitaks see nimetus taktikate perekonnale, mis on arenenud mitmes, mitte tingimata omavahel sidustatavas suunas.

Miks peaks see kohati üsna vana ja tuntud ajalugu meid antud juhul huvitama? Asi on selles, et taktikaid, mida suurrahvaste vaimueliidid 20. sajandil tasapisi avastama hakkasid, on väikerahvaste ja muude vähemusgruppide seas nende olukorrast tulenevalt juba ammuilma välja töötatud ja kasutusele võetud.

3

Compared to great nations and majority groups, small nations and minority groups have always had to act in limited and delicate conditions; they have had to be cautious and on guard. Use of brute force and forthright action would have consigned them to be controlled by the majority, so instead they had to resort to craftiness and forbearance, to an indirect rather than direct approach. In other words: weakness forced them to be smart.

David Graeber explores this idea very well in his *Revolution in Reverse*. As he notes, violence employed from a position of power is also often accompanied by a certain wisdom: instead of unleashing *physical* violence, it is more economical to simply threaten with it, letting the imaginations of the recipients take over, inciting fear and dread.[1]

But according to Graeber, the distinguishing feature of violence (compared to other modes of communication) is that for the one in a position of power, it is not strictly necessary to be wise. In this connection, he proposes the term *interpretive labour*. This is exactly the kind of work that one does *not* have to perform when in a position of power.

> Most human relations—particularly ongoing ones, such as those between longstanding friends or long-standing enemies—are extremely complicated, endlessly dense with experience and meaning. They require a continual and often subtle work of interpretation; everyone involved must put constant energy into imagining the other's point of view. Threatening others with physical harm on the other hand allows the possibility of cutting through all this. It makes possible relations of a far more schematic kind: i.e., 'cross this line and I will shoot you and otherwise I really don't care who you are or what you want'. This is, for instance, why violence is so often the preferred weapon of the stupid: one could almost say, the trump card of the stupid,

since it is that form of stupidity to which it is most difficult to come up with an intelligent response.[2]

The weaker side in the hierarchical relationship has no other option but to constantly try to understand the stronger side, i.e., imagine themselves in the stronger side's situation. Graeber explains this using the example of a typical patriarchal 1950s American family. The paterfamilias had no need to understand his wife (hence also the jokes about women lacking reason, a universal hallmark of patriarchism), while women were constantly forced to understand their husbands.

Women's logic was always being treated as alien and incomprehensible. One never had the impression, on the other hand, that women had much trouble understanding the men. That's because the women had no choice but to understand men: since most women at the time had no access to their own income or resources, they had little choice but to spend a great deal of time and energy trying to understand what the important men in their lives thought was going on. […] Generations of female novelists—Virginia Woolf comes immediately to mind—have […] documented […] the constant work women perform in managing, maintaining, and adjusting the egos of apparently oblivious men—involving an endless work of imaginative identification and what I've called interpretive labor.[3]

The same rules also apply on a broader level. In any situation where one party can, in the final reckoning, resort to actual physical violence, they have no need to consider the weaker side or understand them, while the weaker side has to constantly puzzle out what the stronger one is feeling at any given time and how it might act. Thus, the state of being in the minority is part and parcel with interpreting and striving to understand—in other words, with an attitude of riddle-solving.

on rumalusele kõige raskem head intelligentset vastust leida.[2]

Jõusuhete nõrgemal poolel seevastu aga pole muud valikut kui proovida pidevalt tugevamat poolt mõista, ennast tema olukorda kujutleda. Graeber selgitab seda tüüpilise Ameerika 1950. aastate patriarhaalse perekonna näitel. Pereisal polnud mingit tarvidust püüda oma abikaasat mõista (sellest ka patriarhaalsusega kaasnevad naljad naiste käitumise ebaloogilisusest), samas kui naine oli sunnitud seda pidevalt tegema.

Naiste loogikat koheldi alati võõra ja arusaamatuna. Teisalt jälle ei tekkinud kunagi kahtlust, et naistel oleks meeste mõistmisega erilisi raskusi olnud. Seda sellepärast, et naistel polnud muud valikut kui mehi mõista: kuna enamikul naistest ei olnud tollal isiklikku sissetulekut vm ressursse, siis polnud neil muud valikut kui kulutada palju aega ja energiat, et mõista, mis nende heaolu seisukohalt oluliste meeste arvates parajasti toimub. […] Põlvkondade kaupa naiskirjanikke, kelle seast turgatab esimesena pähe Virginia Woolf, on […] dokumenteerinud […] seda pidevat vaeva, mida naised on näinud, et korraldada, hooldada ja korrigeerida silmanähtavalt hajameelsete meeste egosid: see nõuab lõputut kujutlusliku samastumise ja tõlgendamise tööd.[3]

Samad reeglipärad kehtivad mõistagi ka laiemalt: igasuguses sellises olukorras, kus üks osapool saab viimases instantsis tugineda füüsilisele vägivallale, ei pea ta oma käitumist kaaludes nõrgemat poolt arvesse võtma ja teda mõistma, samas kui nõrgem peab pidevalt mõistatama, mida tugevam parajasti tunneb ja kuidas ta võiks edaspidi käituda. Nii käib vähemusolukord paratamatult kokku mõistmise ja mõistatamisega.

4

It is completely understandable why Graeber, when describing a model of action that would serve as an alternative to the violence-based one, would want to associate it with *imagination* and with all art and creativity in general.

> [In the 19th century,] utopian socialists like St. Simon were arguing that artists needed to become the *avant garde* or "vanguard," as he put it, of a new social order, providing the grand visions that industry now had the power to bring into being. What at the time might have seemed the fantasy of an eccentric pamphleteer soon became the charter for a sporadic, uncertain, but apparently permanent alliance that endures to this day. If artistic avant-gardes and social revolutionaries have felt a peculiar affinity for one another ever since, borrowing each other's languages and ideas, it appears to have been insofar as both have remained committed to the idea that the ultimate, hidden truth of the world is that it is something that we make, and, could just as easily make differently.[4]

On one hand, it is a noble idea and it does seem to be borne out by reality. As we saw, the perspective of the weaker side is always accompanied by the need to use empathetic imagination and be involved in interpretive labour: the same techniques seem to be part and parcel with art as well.

But there is also a different way of seeing things. It stems from the idea that the opposition between *strong* and *weak*, *big* and *small* can be seen within *creativity itself*. Graeber's own text gives a basis for such an idea. Namely, he criticises a certain notion regarding revolution: that *first of all*, the critical power centres must be targeted and captured and *only then* can new and better institutions be invented—thus, this constitutes a powerful, sudden break in the existing social and institutional fabric, which is consistent with the violence-based operational logic.[5]

Graeber does not mention that such a concept of revolution has long sustained notions of artistic innovation: that an innovative work should burst into the viewer's consciousness (and more broadly into the art landscape) powerfully, with an immediate, *blitzkrieg* violence. A modern painter with an "original vision" has no need to understand the object of his painting and can instead force his genius on it (with the ascendancy of abstract and conceptual art, there was no need to even pretend the aspiration to understand).

Graeber cites another possibility for pursuing revolution. In this case, confrontation with the power centre takes place only when the slow and laborious search for more effective co-operation methods has already borne fruit in conditions of the former regime. This is the notion of a *gentle revolution,* which is quite boring for the impatient, for it lacks thrills and spectacle. Instead, it requires routine, low-intensity imaginative labour, the effort of putting oneself in another's place and patiently experimenting, as new ways of co-operation are frequently attained through persistently trying out and playing through alternatives to current routines and ways of organising until eventually something better emerges. Here, the imaginative becomes almost indistinguishable from the ordinary.[6] If there is a type of art that would correspond to this notion of revolution, it is a type where the work is not visible right away and takes shape imperceptibly, having existed for long only as a feeling or presentiment. If anything is created here at all, the role of works is to be, above all, a means of inventing, ordering and maintaining social relations, as well as for coping with the cuts or scars in previous relations—to be a convener and comforter.[7]

If the second type of revolutionary were to look at the actions of the first type, they would see violence. If the first type of revolutionary looked at the actions of the second type, they would see nothing at all.

---

institutsioone. Tegu on niisiis jõulise, järsu katkestusega olemasoleva koesse, mis on igati kooskõlas vägivallapõhise toimimisloogikaga.[5]

Graeber jätab mainimata, et seda tüüpi ettekujutus revolutsioonist on pikka aega toitnud ka ettekujutusi kunstiuuendusest: uuenduslik teos peaks murdma end vaataja teadvusse (ja laiemalt kunstiväljale) jõuliselt, vahetu ja välkkiire vägivaldsusega. "Originaalset visiooni" omav maalikunstnik ei pea tingimata mõistma seda, mida ta maalib, vaid võib oma geniaalse nägemuse olemasolevale jõuliselt peale suruda (abstraktse ja kontseptuaalse kunsti võidukäiguga kadus vajadus mõistmisetaotlust enam isegi teeselda).

Graeber nimetab ka teist võimalust revolutsiooni tegemiseks. Selle puhul tekib konfrontatsioon võimukeskmetega alles siis, kui paremate koostoimimise viiside aeglane ja tüütu otsing on endise režiimi tingimustes juba vilju kandnud. See on ettekujutus *leebest revolutsioonist,* mis on kannatamatute jaoks üsna igavavõitu, sest siit puudub kõrgepingeline vaatemäng. Selle asemel nõuab see rutiinset, madalpingelist kujutlustööd, pingutust, et end teise olukorda panna ja kannatlikult katsetada, sest tegelikult uute koostoimimise viisideni jõutakse sageli hoopis rutiinsete ja korralduslike küsimuste läbimängimises ja uuendamises. Siin on kujutlusvõime läbi imbunud igapäevasusest.[6] Kui ka sellele ettekujutusele revolutsioonist vastab teatavat tüüpi kunst, siis selline, mida ei ole ega ole, kuni ta lõpuks on märkamatult kohale jõudnud, aga ka siis pikka aega vaid aimduse või kumana. Kui siin üldse asju luuakse, siis on teoste rolliks olla ennekõike vahend sotsiaalsete suhete leiutamiseks, korrastamiseks ja ülalpidamiseks, aga ka toimetulekuks varasemate suhete katkemisega—olla koondaja ja lepitaja.[7]

Kui teist tüüpi revolutsionäärid vaatavad esimest tüüpi revolutsionääride tegevust, siis nad näevad vägivalda. Kui esimest tüüpi revolutsionäärid vaatavad

5

From this viewpoint, a monument and monumental art are classic examples of subordinative art. After all, archetypal monuments do not care about their context; they are at odds with it, and forcefully carve out a hallowed and inviolable place to establish their exceptional nature. Like a shrine, a monument creates a new context around itself. It serves as an exclamation point, a flash of light in the everyday fabric. Insofar as precisely that kind of blazing originality was the goal of art throughout the entire Modernist period and later on, a large part of contemporary art has been monumental.

Does dependent, gentle art also have its corresponding epitome? Some possible answers to this question can be found in the work of the Estonian poet and thinker Hasso Krull.

In the early period of his work, Krull proceeds from the approach to art as a "combat" even if, drawing on Walter Benjamin's differentiation between victors' and losers' history, he identifies with the losers. In his words, the history of victors proceeding from the principle of violence requires the construction of a continuous story to legitimise oneself and one's actions. Krull admits that he despises that kind of history: it is "not awe-inspiring but rather dirty and flat"[8]. But alongside it is the history of those who did not triumph.

> This history lacks continuity. Continuous history that uses the regime of boredom-snap-violence is the history of victors—the history of those who dictate the historical narrative from their self-admiring and self-interested viewpoint. Continuous history can be seen from the "summit" and it is a history that can be reorganised. On the other hand, discontinuous history is that which "wishes to retain that image of the past which unexpectedly appears to man singled out by history at a moment of danger" ([Walter Benjamin, "Theses on the Philosophy of History"] Thesis VI). It is the history of an isolated detail and halted

historical movement. [...] As this viewpoint has been torn out of the context of time, it does not necessarily have to belong to anyone in the past. It could just as well belong to someone from among us, or even to me at a certain moment. Now this is a history that I do not despise.[9]

From this viewpoint, the best exemplar of a gentle art would be a *fragment* that detaches itself from the cohesive fabric of history. It is by the fragmentary that Krull, for instance, defines "minor photography": "It isn't that one should necessarily use "fragmentary" exposures or assemble one's picture from fragments, [it is minor] in the sense that it does not become one with the fabric of history."[10]

Even if this approach belies an imaginative self-identification with the losers and the related interpretive labour, it also contains elements of violence and aggression, insofar as the main operating principle is discontinuity and severance. In the further phases of his work, Krull increasingly tied the elements of Western weak thought with local folk culture, which is also—typically for minority heritage—weak. From this he constructs an exemplar that is even gentler than a fragment. I'm referring to the *riddle*—a form of knowledge that occupies an extremely important place in the Estonian folklore canon.

While strong thought is at its core related to the *answer* or *solution*, Krull sketches the ties between *mõistatus* (riddle), *mõistus* (intelligence) and *mõistmine* (understanding): understanding is what is revealed to the intelligence in the course of trying to divine the answer to a riddle. From this point of view, an ideal riddle is one that entices one to puzzle out and divine but never quite reveals the answer: otherwise, of course, a riddle would cease to be enigmatic and would be replaced by the flatness of clarity.

To understand is to divine and to puzzle. Every riddle is a bridge but we don't see the other end. It is deep underwater, on the

([Walter Benjamin, Teesid ajaloofilosoofiast,] VI tees). See on isoleeritud detaili ja peatatud ajalooliikumise ajalugu. [...] Kuna see vaatepunkt aga on lahti rebitud ajast, ei pea ta tingimata kuuluma kellelegi minevikus. Niisama hästi võib selleks olla keegi meie hulgast, niisama hästi võin see olla mina ise teataval hetkel. See on nüüd ajalugu, mida ma ei vihka.[9]

Sellest vaatepunktist on leebe loomingu musternäidiseks ennast ajaloo sidusast koest lahti ütlev *fragment*. Just fragmentaarsuse kaudu määratleb Krull näiteks "väikest fotograafiat": "Mitte et ta peaks kasutama "fragmentaarseid" ülesvõtteid või peaks oma pildid kokku panema fragmentidest, vaid [ta on väike] selles mõttes, et ta ei sula ajaloo koesse"[10].

Isegi kui juba selles käsituses on kohal kujutlusvõimeline samastumine kaotajatega ja sellega kaasnev tõlgendamistöö, on siin sellegipoolest ka vägivalla ja agressiooni elemente, niivõrd kui põhiliseks toimeprintsiibiks on katkestuslikkus, lahtilõikamine. Oma loometee edasistes järkudes on Krull läänemaise nõrga mõtte elemente aina enam sidunud kohaliku rahvakultuuriga, mis on samuti—vähemuspärandile omaselt—nõrk, ammutades sealt musternäidise, mis on fragmendist veelgi leebem. Ma pean silmas *mõistatust*—teadmisvormi, mis on eesti rahvapärandis üliolulisel kohal.

Kui tugev mõte on tuumselt seotud *lahendusega*, siis Krull omalt poolt seob omavahel just mõistatuse, mõistuse ja mõistmise: mõistmine on see, mis avaneb mõistusele mõistatamise käigus. Ideaalne mõistatus on sellest vaatepunktist säärane, mis meelitab mõistatama, aga ei anna kunagi vastust päris kätte: muidu ju mõistatus kaoks ja asenduks lameda selgusega.

Mõistmine on mõistatamine. Iga mõistatus on sild, aga silla teist otsa me ei näe. Ta on sügaval vee all,

other side. It is the den, the underwater city of the intelligence. [...] A riddle takes us where we most long to reach, where we were most tenderly expected. If only we had known. But no, then there would be no enigma, there would be no bridge of understanding.[11]

Instead of *nailing it down*, the riddle *asks*. Instead of imposing, it draws us in. Instead of being explicit, it is *implicit*.

Implicitness is the point of a riddle, for the solution is only temporary, the solution unravels the enigma, yes, but does not unravel enigmatic quality of it, the continuing concealment of the implicitness. When we have solved a riddle, in doing so, we have not solved the riddle of all riddles. Implicitness can never be explicated in its entirety, all that is concealed can never be made plain, because the form of implicitness survives, it just shifts into a new riddle that we can also solve but without being able to stop the new enigma from being created. [...] In solving a riddle, we are already in its future, we have explicated implicitness. In the same way, the future is implicitly within everything we see, perceive and sense, but it has usually not yet taken the form of a riddle, it has not yet coagulated into a question that would make it approximately explicable already now. In order for the future to become a true riddle, we have to focus our attention on what is now the most obscure and embryonic, and when we succeed in apprehending in it an implicit riddle coiled up in reverse, that is the point where we have already started to divine the future.[12]

Who else could possibly discourse this way, except the weaker side of a hierarchical relationship, someone who has to interpret the stronger side constantly, anticipate and pre-empt their behaviour as well as

teisel pool. Seal on mõistuse pesa, tema veealune linn. [...] Mõistatus viib meid sinna, kuhu kõige enam igatsesime jõuda, kus meid kõige õrnemalt oodati. Kui oleksime ainult teadnud. Aga ei, siis poleks ju olnud mõistatust, poleks olnud mõistmise silda.[11]

Selle asemel et midagi *paika panna*, mõistatus *küsib*. Selle asemel et peale suruda, ta meelitab enda sisse. Selle asemel et olla eksplitsiitne, on ta *implitsiitne*.

Implitsiitsus on mõistatuse mõte, sest lahendus on ainult ajutine, lahendus sõlmib küll mõistatuse lahti, aga ta ei sõlmi lahti mõistatuslikkust, implitsiitsuse jätkuvat peidetust. Kui oleme ühe mõistatuse lahendanud, ei ole me sellega lahendanud veel kõikide mõistatuste mõistatust. Kogu implitsiitsust ei saa kunagi eksplitseerida, kõike varjatut ei saa avalikuks teha, sest implitsiitsuse vorm jääb alles, ta nihkub lihtsalt uude mõistatusse, mille me võime küll samuti lahendada, aga võimata seejuures tõkestada uue mõistatuse loomist. [...] Lahendades mõistatuse, olemegi juba tema tulevikus, oleme tema implitsiitsuse eksplitseerinud. Niisamuti on tulevik implitsiitselt sees kõiges selles, mida näeme, tajume ja tunneme, aga enamasti ei ole ta veel mõistatuseks vormitud, ei ole antud küsimusena, mis muudaks ta ligikaudu eksplitseeritavaks juba praegu. Selleks, et tulevikust saaks tõeline mõistatus, peame tähelepanu koondama sellele, mis on praegu veel kõige ähmasem, mis on alles eos; ja kui me näeme selles üht implitsiitset, tagurpidi kokkukeritud mõistatust, siis olemegi hakanud ennustama.[12]

Kes veel saaks niimoodi arutleda kui mitte jõuvahekorra nõrgem osapool,

to understand and support companions who are also weak and with whom an escape route must be sought in the form of some future collective the blurry outlines of which can only faintly be discerned? In this sense, a *riddle* is truly an ideal embodiment of weak creativity.

6

Along these same conceptual lines, we could postulate all art as well as political practice as an opposition between monument and riddle. But should we be satisfied with this solution, as elegant and clean as it may be? I would like to argue that it would be smarter to answer this question in the negative.

We could start with the observation that something interesting starts to happen as soon as we start, in various ways, to *even slightly* weaken a monument (in the strong sense of the word). This becomes evident in the examples where the process of erecting a monument has been left unfinished or when cracks have appeared in a finished one. When the maximum tension and perfection embodied in a strong monument begin to loosen, it (re)acquires a certain freedom and openness, evoking a swarm of imaginary alternatives around it. Especially when it happens to a monument that once operated as a symbol of mnemonic imposition important for a coercive regime, as soon as it reaches a certain point in the weakening (such as the natural deterioration of the monument over time) the negative connotations are replaced almost automatically by a positive, warm colour, so that places that appear to have lost all function take on the atmosphere of hope, healing, non-power.

David Graeber draws attention to the analogical influence of slackening in the case of political life. The institutions that usually guide our life are extremely narrow and truncate the imagination. That is why the slackening of institutional frameworks—such as after a revolution or natural disaster—feels so liberating.

keegi, kes peab pidevalt tugevamat tõlgendama, tema käitumist ennustama ja ennetama, aga ühtlasi mõistma ja toetama kaaslasi, kes on samamoodi nõrgad ja kellega koos tuleb otsida väljapääsu mingi tulevase koostoimevormi näol, mille ähmased piirjooned vaid vaevu aimatavalt kusagilt kumavad? Selles mõttes on *mõistatus* tõepoolest ideaalne kehastus nõrgale loomingule.

6

Nii mõteldes võiks kogu loomingu, aga ka poliitilise praktika sedastada vastandusena monumendi ja mõistatuse vahel. Aga kas me peaksime selle—kahtlemata ilusa ja puhta—lahendusega rahulduma? Soovingi nüüd jõuda selleni, et sellele küsimusele oleks õigem vastata eitavalt.

Siin võiks alustada tähelepanekust, et midagi huvitavat juhtub juba siis, kui me monumenti (selle sõna tugevas tähenduses) erinevatel viisidel *natukenegi* nõrgestame. See tuleb ilmsiks näiteks siis, kui monumendi tegemine jääb pooleli või kui valmis monumendi sisse ilmuvad mõrad. Tugevas monumendis kehastuva maksimaalse pingestatuse ja täiuslikkuse lõdvenemine annab sellele (tagasi) teatava vabaduse ja avatuse, meelitades käesoleva vormi ümber kujuteldavate alternatiivide sülemi. Eriti kui see juhtub monumentidega, mis kunagi tähistasid vägisi peale surutud võimurežiimile olulisi mälusümboleid, tekib neile teatavast nõrgenemise hetkest (näiteks nende monumentide iseenesliku lagunemise käigus) negatiivsete konnotatsioonide asemele peaaegu automaatselt positiivne, soe värving, nii et need pealtnäha igasuguse funktsiooni minetanud kohad omandavad lootuse, paranemise, mittevõimu õhustiku.

David Graeber juhib tähelepanu lõdvenemise analoogilisele mõjule poliitilise elu puhul. Institutsioonid, mis harilikult meie elu suunavad, on ääretult kitsad ja mõjuvad kujutlusvõimele tömbistavalt. Just sellepärast mõjub institutsionaalsete raamistike lõdvenemine—näiteks

Revolutionary moments always seem to be followed by an outpouring of social, artistic, and intellectual creativity. Normally unequal structures of imaginative identification are disrupted; everyone is experimenting with trying to see the world from unfamiliar points of view. Normally unequal structures of creativity are disrupted; everyone feels not only the right, but usually the immediate practical need to recreate and reimagine everything around them.[13]

It could be said, then, that the weakening of a monument allows a sufficient modicum of enigma to enter, to feed the gentle imagination and the practices that accompany it. This allows us to notice that instead of the rigid opposition of monuments and riddles, from the viewpoint of weak practice it would be more fruitful to treat them as extremes on a smooth gradient with a countless number of intermediate levels. In this way, it also starts to become apparent that the most important difference between strong and weak creativity is that one is result-oriented (finished) and the other is process-centred (in progress, initiating and inclusive), one is absolute and the other relative.

7
At least as important a reason that monuments should not be scorned as a means of expression comes from the fact that a monument is a key means of creating and conveying collective memory. As Estonian historian Marek Tamm notes, every collective is inevitably a *memory collective*. No community can survive for long without using commemorative practices.[14]

Drawing on Peter Burke, Tamm lists five different ways of intermediating collective memory: alongside oral, written, visual and performative channels, he names *spatial* as the fifth.

pärast revolutsiooni või loodusõnnetust—sedavõrd vabastavalt.

Revolutsioonilistele sündmustele tundub alati järgnevat sotsiaalse, kunstilise ja intelektuaalse loovuse õitselelöömine. Harilikult ebavõrdsed kujutusliku samastumise struktuurid lagunevad ning järsku hakkavad kõik katsetama maailma kogemisega ebaharilikest vaatepunktidest. Harilikult ebavõrdsed loovusstruktuurid katkevad ja igaüks tunneb mitte ainult õigust, vaid ka praktilist vajadust kõike ennast ümbritsevat ümber teha ja ümber kujutleda.[13]

Nii võiks öelda, et monumendi nõrgestamine lubab sellesse juba piisaval määral mõistatuslikkust, et anda toitu leebele kujutlusvõimele ja sellega kaasnevatele praktikatele. See võimaldab meil märgata, et monumentide ja mõistatuste jäiga vastandamise asemel oleks leebe praktika vaatepunktist viljakam vaadelda neid äärmustena sujuvas gradientis, millel on lugematul arvul vaheastmeid. Selle kaudu hakkab ühtlasi ilmnema, et vast kõige olulisem erinevus tugeva ja nõrga loomingu vahel seisneb selles, et üks on tulemusekeskne (lõpetatud) ja teine protsessikeskne (valmiv, algatav ja kaasav), üks on absoluutne ja teine relatsionistlik.

7
Vähemalt samavõrd oluline põhjus, miks monumenti väljendusvahendina mitte ära põlata, tuleneb sellest, et monument on oluline kollektiivse mälu tekitamise ja edasikandmise vahend. Nagu märgib Eesti ajaloolane Marek Tamm, on iga kollektiiv paratamatult *mälukollektiiv*: ükski kogukond ei saa ilma mäletamispraktikaid kasutamata eriti pikalt püsida.[14]

Seejuures loetleb Tamm (Peter Burke'ile tuginedes) viis erinevat kollektiivse mälu vahenduskanalit: suuliste, kirjalike, visuaalsete ja tegevuslike kõrval nimetab ta viiendana ka *ruumilisi* kanaleid.

Since Maurice Halbwachs, researchers have pointed to the very important role that space has played in intermediating and shaping memories. "The memory is by nature topophilic," says anthropologist Joël Candau, it is rooted in the landscapes, streets, plazas, houses and monuments, etc. "It is not accidental," says Paul Ricœur, "that we say about an event that it took place [*qu'il a eu lieu*]." Events are mostly related to a specific place for us, memory is inseparable from the "memory site", which maintains the memory of a specific event. Together, these "memory sites" make up a kind of memory landscape that has a fundamental meaning for the identity of every memory collective.[15]

From this perspective, it would appear to be short-sighted to surrender the spatial memory channel to practices that stem from a strong and majority-based model of action. Instead we could also use it to nurture the imagination in its empathetic form, energizing the part of the memory work spectrum that is not heroic but which is of critical importance from the standpoint of weak practice. I can propose three ways of freeing a monument from being too tied to violence.

One, we can critically look at which events and phenomena the monument primarily commemorates. On this basis, we can decide to commemorate *other event types:* unneeded sacrifices, lost time, actions left uncompleted, possible events, etc.

Two, we can ask which ways of remembering a strong monument principally exemplifies. It may turn out that a large part of the spectrum of memory phenomena lacks a monumental counterpart. This would provide a basis for drawing attention to the weaker aspects of remembrance: memory as blurry, memory as oblivious, forgetting as critical for memory work, wishful remembrance, playful remembrance, etc.

A third and promising possibility stemming from Tamm's observations is related to the monument as an exemplary spatial medium of

Maurice Halbwachsist alates on uurijad näidanud ruumi väga olulist rolli mälestuste vahendaja ja kujundajana. "Mälu on iseloomult topofiilne," nagu ütleb antropoloog Joël Candau, ta on kinnistatud maastike, tänavate, väljakute, majade, monumentide jne külge. "See pole juhuslik," tõdeb Paul Ricœur, "et me ütleme toimunu kohta, et see leidis aset [*qu'il a eu lieu*]." Sündmused on meie jaoks enamasti seotud kindla asupaigaga, mälu on lahutamatu "mälupaigast", mis hoiab üleval mälestust konkreetsest sündmusest. Koos moodustavad need "mälupaigad" omalaadi mälumaastiku, millel on fundamentaalne tähendus iga mälukollektiivi identiteedile.[15]

Sellest vaatepunktist tundub lühinägelik loovutada ruumilise mälukanali kasutamine üheselt tugevast ja enamuslikust teomudelist lähtuvatele praktikatele: selle asemel võib ju ka turgutada kujutlusvõimet selle empaatilises vormis, andes jõudu sellele osale mälutööspektrist, mis ei ole kangelaslik, aga on nõrga praktika seisukohalt kriitilise tähtsusega. Oskan siin välja pakkuda kolm viisi, kuidas vabastada monument liigsest seotusest vägivaldsusega.

Esiteks saab kriitiliselt üle vaadata, milliseid sündmusi ja nähtusi on monumendiga ennekõike mälestatud. Sellest lähtuvalt võib otsustada mälestada *teisi sündmustüüpe*: mõttetuid ohvreid, kaotatud aega, pooleli jäänud tegusid, võimalikke sündmusi jne.

Teiseks saab üle küsida, milliseid mäletamisviise tugev monument põhiliselt kannab. Nii võib selguda, et tervel suurel osal mälunähtuste spektrist puudub oma monumentaalne vaste. See annaks aluse juhtida tähelepanu mäletamise ja mäletamisviiside nõrgematele aspektidele: mälule kui ähmasele, mälukaotusele ja unustuse rollile mäletamistöös, unistavale mäletamisele, mängulisele mäletamisele jne.

memory. It gives us a way to value the states and phases of existing monuments that are not generally valued, and also to see monuments even in spaces and spatial phenomena that as a rule are not interpreted as monuments.

8

Having now discussed at considerable length the connection of weak practice with the inevitable situation of minority groups and small nations, we should ask whether we can go even further and say something about the *intrinsic nature* of small nations, such as Estonians. Is weak practice and the enigmatic nature something that runs in Estonians' blood? The ethnographer Oskar Loorits was close to articulating something along these lines. In his work, *The Vitality of the Estonian Cause* ("Eestluse elujõud"), he said that the typically destructive urge of Aryans was alien to Estonians. Even though Estonians were always rated highly as soldiers, "not a single Estonian commander is known for conquering other lands and peoples—such a heroic ideal is simply not compatible with the Estonian nature"[16]. Instead of the destructive urge, Loorits postulates the creative urge as Estonians' operating principle.

> It cannot be a coincidence that through the ages we have not had a history of great men but rather a history of the people itself. It can hardly be a coincidence that our folklore has no epic revolving around great deeds and labours, but only lyricism of moods. We should not doubt for an instant that the people have forgotten their great leaders or heroic songs—no, they have never existed. [...] Much more characteristic of the state of being Estonian are great poets and artists, wordsmiths and wise men, scientists and scholars, whose creative work has laid an unwavering foundation for our indigenous culture and will endure in future as well. The urge of self-actualization vested

in every individual and group finds the ideal expression in Estonian spirit not through power but rather spirit, i.e. through the application of the creative urge in practical life with an aspiration toward economic prosperity or on theoretical and aesthetic fields through intellectual endeavours.[17]

Still, I would rather classify such generalizations under innocuous (yet perhaps empowering) fabulations. A more realistic perspective appears from Hasso Krull's analysis of Estonian literature. He acknowledges that there have indeed been at least two periods in Estonian history when Estonian artistic work has been completely that of a minority: both were tied to Russification, the coercive promotion of the Russian language in colonised lands. During the first period (1882–1905), Estonia was part of the tsarist Russian Empire, while during the second period, it was annexed to the Soviet Union (lasting from the death of Stalin in 1953 to re-independence in 1991). Krull writes the following about the second period:

> In Estonia, the popularity of literature even in the end of the decade [of the 1980s] was conspicuously high: new literature was bought in immense quantities, and even the print run of poetry collections was rarely under 5,000. Of course, this was not because the Estonian people is exceptionally poetical or sophisticated: it was that all literature was very emphatically politicised. Literature was perceived as political, through and through. Censorship was not able to stifle it in any way: banning coverage of acute problems and seeking and removing references only amplified the situation where even smaller minor topics were perceived as politically weighty.[18]

Historian of architecture Andres Kurg noted something similar in regard to the architecture of the 1970s and 1980s, when a noteworthy

omane endamaksmapanutung leiab eestlaste hinges parimat rahuldust mitte võimu, vaid vaimu kaudu, s.t loomingutungi rakendamisel kas praktilises elus majandusliku jõukuse taoteluga või teoreetilistel ja esteetilistel aladel vaimsete enesejäädvustustega.[17]

Siiski võiks sellised üldistused liigitada pigem toredaks (ja ehk ka jõuduandvaks) väljamõeldiseks. Realistlikuma pildi näib andvat Hasso Krulli analüüs eesti kirjanduse kohta. Ta tõdeb, et Eesti ajaloos on olnud tõepoolest vähemalt kaks perioodi, mil eestlaste looming oli üleni vähemuslik: mõlemad olid seotud nn venestamisega, s.t vene keele jõulise pealesurumisega oma asumaadele. Esimese perioodi ajal (1882–1905) oli Eesti osaks Vene tsaaririigist, teise perioodi ajal aga osaks Nõukogude Liidust (see kestis Stalini surma järgsest "sulast" 1956. aastal kuni taasiseseisvumiseni 1991. aastal). Teise perioodi kohta kirjutab Krull nii:

Eestis oli kirjanduse populaarsus veel [1980ndate] aastate lõpus tähelepanuväärselt suur: uut kirjandust osteti tohututes kogustes, isegi luulekogude trükiarv oli harva alla viie tuhande. Mõistagi ei johtunud see mingist eesti rahva erilisest luulelisusest või peenetundelisusest: asi oli hoopis kogu kirjanduse eriliselt rõhutatud politiseerituses. Kirjandust tajuti läbi ja lõhki poliitikana. Tsensuur ei suutnud seda kuidagi summutada: põletavate probleemide keelamine ja vihjete väljarookimine üksnes võimendas olukorda, kus väikesigi teemasid hakati tajuma poliitiliselt tõsistena.[18]

Arhitektuuriajaloolane Andres Kurg on midagi samasugust täheldanud ka 1970ndate ja 1980ndate arhitektuuri kohta, mil loodi märkimisväärne kogus originaalseid teoseid, seda nii riiklike kui ka eraprojektide tasandil.[19] Nagu arhitekt ja kunstnik Leonhard Lapin on märkinud:

82

number of original works were created at the state and private level.[19] As the architect and artist Leonhard Lapin noted:

> At a time when for example the Poles fought against Soviet occupation on the barricades, the moderate Estonians were busy on the scaffoldings of their private houses—both forms of resistance finally led to independence.[20]

But as Krull explains, the weakness strategies described above derived from the force of circumstance, not from the Estonians national character.

> [During Russification, the] Estonian language [...] was, to a certain extent, driven out of its own country, where the language of authority was emphatically Russian: this is why Russian literature played the part of major literature. [...] There is no longer such a conflict. [...] What is the language of power now? Estonian. What is the language of our minor literature? Also Estonian.[21]

The fact that use and preference of weak strategies stems from circumstances and not Estonians' innate personality also explains why, once Estonia restored independence, art has been increasingly relegated to the backdrop and diminished in value. It is with precisely this in mind that Krull described his current situation as a "domestic refugee" and another important local thinker Valdur Mikita has criticised the prevailing practices as self-colonisation, so that weak practices are now the domain of the intellectual minority that is becoming increasingly detached from the rest of the people. Sovereignty forces a small country's governance practices to be even stronger than those of great nations, as the latter have a certain reserve in store, thanks to their size and natural power, and can permit themselves a measure of easiness of spirit that a small state cannot resort to.

Ajal, mil näiteks poolakad võitlesid nõukogude okupatsiooni vastu barrikaadidel, askeldasid mõõdutundelised eestlased oma eramutega ehitustellingutel—mõlemad vastupanuvormid viisid lõpuks vabaduseni.[20]

Kuid nagu Krull selgitab, tulenesid äsjakirjeldatud nõrkusstrateegiad ennekõike olukorra sunnist, mitte eestlaste endi iseloomust.

[Venestamise ajal oli] eesti keel [...] teatavas mõttes tõrjutud keel omaenda maal, kuna võimu keeleks oli rõhutatult vene keel: seepärast esindas suurt kirjandust vene kirjandus. [...] Taoline vastandus on nüüd kadunud. [...] Mis on nüüd võimu keel? See on eesti keel. Mis on meie väikese kirjanduse keel? See on samuti eesti keel.[21]

Sellega, et nõrkade strateegiate kasutamine ja eelistamine tuleneb ennekõike olukorra sunnist, mitte eestlaste olemusest, saab muuhulgas selgitada, miks Eesti omariikluse taastudes on looming siin aina enam tagaplaanile jäänud ja väärtust kaotanud. Just seda silmas pidades on Krull kirjeldanud enda praegust olukorda sisepagulusena ning teine oluline kohalik mõtleja Valdur Mikita kritiseerinud valitsevaid praktikaid enesekolonisatsioonina, nii et nõrgad praktikad on jäänud muust rahvast aina eralduva vaimuvähemuse pärusmaaks. Omariiklus sunnib väikeriigi valitsuspraktikaid isegi tugevamaks kui suurriikide omi, sest viimastel on tänu suurusele ja loomulikule jõule teatav "varu" ja vaimukergus, mida väikeriigil pole kuskilt võtta. Eesti voorus on aga see, et erinevalt suurriikidest, kus liialdatud suuruseiha võib tuua kaasa vägagi katastrofaalseid tagajärgi, jääb igasugune tugevuse ja kangelaslikkuse ambitsioon siin—just tänu jõupuudusele—paratamatult

83

Estonia's virtue is that, unlike superpowers whose exaggerated craving for greatness can lead to catastrophic consequences, any sort of ambition for strength and heroism ends up being grotesque or even risible—thanks specifically to the lack of power. It is the kind of scale or size that characterises a cat with its hair on end or a cowardly dog that will not stop barking—tending to be perceived as cute or merely obnoxious.

9

Nowadays, a number of factors—the post-WWII scepticism toward totality in all its forms, the coming to light of the drawbacks of hard sciences that are based on the abstract scientific model, criticism of violence accompanying majority mindsets, the return of Chinese traditional knowledge that is based on dynamic and oblique ways of action, etc.—have brought about the search for tighter alliances between the theoretical explorations of the intellectual elites of great Western nations, the direct actions of activists, the strategic legacy of small peoples and minority groups, and elements from major non-European traditions.

For some time now, it has been possible to discern a crisis of strong knowledge—i.e., of one-directional manipulation. Global warming, the energy crisis and other worldwide problems have drawn attention to the fact that the world is not passive matter that can be twisted and shaped on a whim—and neither are human societies. Any one-directional steps to manipulate the ambient material in which people operate produce a counter-reaction. This has given additional impetus for such weak, i.e., dialogue-based forms of knowledge such as ecological thinking and complexity theory, which have forsworn the idealised view that reduces the world to a sum of linear processes.

In parallel, virtual technologies have allowed various minorities to be connected to each other globally and, in the course of incrementally coming up with new ways of interoperating, the development

pigem groteskseks või naeruväärseks. See on suurus, mis on omane puhevil kassile või riiakale sülekoerale ja sellisena pigem armas ning muigamapanev.

9

Nüüdisajal on mitmete mõjurite koosmõjul—maailmasõdadejärgne skepsis totaalsuse suhtes kõigis selle vormides, manipulatiivsel ja abstraktsel teadmismudelil põhinevate loodusteaduste varjukülgede esiletulek, enamusmõtlemisega kaasneva vägivaldsuse põhjalik kriitika, hiinaliku hämarmõtlemise hiiliv tagasitulek jne—sattunud otseühendusse läänemaiste suurriikide vaimueliitide teoreetilised otsingud, aktivistide otsetegevus, väikerahvaste ja vähemusgruppide strateegiapärand ning elemendid mitteeuroopalikest suurtraditsioonidest.

Juba pikemat aega võib täheldada näiteks tugeva—s.t ühesuunalist manipuleerimist silmas pidava—teadmise kriisi. Globaalne soojenemine, energiakriis jms ülemaailmsed probleemid on juhtinud tähelepanu sellele, et maailm ei ole passiivne aines, mida saab oma suva järgi väntsutada, nagu seda ei ole ka inimühiskonnad: suurtes ümbrusainestes, milles inimesed tegutsevad, tekib igasugustele ühesuunalistele sammudele alati vastureaktsioon. See on andnud lisajõudu sellistele nõrkadele, s.t dialoogilistele teadmisvormidele nagu näiteks ökoloogiline mõtlemine ja komplekssüsteooria, mis on loobunud teadmisideaalist, mis üritab maailma taandada lineaarsete protsesside summale.

Selle kõrval on virtuaaltehnoloogiad võimaldanud erinevate vähemuste globaalset ühendumist ning üksteise toimimisviiside järk-järguliste edasiarenduste käigus uute praktikate ja institutsioonide väljatöötamist. Siitki on nõrga mõtlemise teoreetikud tuletamas nõrga teadmise viise, mis on samuti tuumselt dialoogilised.

Nii on aina enam jõudu ja sidusust kogumas kollaažlik teooriapraktikate

of new practices and institutions. From this, too, theoreticians of weak thought are deriving ways of thinking weakly, which are, at their core, based on dialogue.

And so, a collage-like set of theoretical practices, which I have called "weak" in this text, is gaining more strength and cohesiveness. Perhaps precisely as the advantages and effectiveness of this suite of practices become more apparent, we can understand why they have also started to be used more and more often from the position of power, in the interests of subordination.

Thus, for example, contemporary majorities tend to present themselves as endangered and discriminated minorities. Likewise, modern-day power is more and more operating in the shadows, something that to this point was the trait of resistance fighters, bringing their activities to bear on people's less illuminated, less accessible layers of mind. And just as weak practice sometimes uses weakening as an operative tactic, so does the contemporary strong practice, even if having totally different objectives in mind. Namely, from the governmental and corporate point of view the new ideal subject is exactly an unstable—weak—person, constantly on the verge of exhaustion; someone who is always desiring something other than what they have and who keeps on interacting, interacting, interacting up to the point where there is no time and opportunity to stop to think and actually notice.[22] Incapacity and passiveness, which are making inroads everywhere, do not at all encourage the adoption of weak practices—this requires much more imagination and resistance. On the contrary, it is leading to a regression into apathy expressed in nostalgia for a powerful state and heroism, the return of banal identity processes and general sympathy toward strong monumentalism. The phenomenon that Tarmo Jüristo has noted in the case of Estonia—he calls it the "return of a hero"[23]—is a global one, and its symptoms can be seen everywhere.

It permits us to notice that weakening (in the transitive sense)

---

kogum, mida olen siinses tekstis nimetanud nõrgaks. Ehk saab just selle kogumi eeliste—ja tõhususe—aina ilmsemaks muutumisega selgitada, miks seda on aina enam hakatud kasutama ka jõupositsioonilt ja allutamise huvides.

Nii näiteks kalduvad ka enamused nüüdisajal esitlema ennast ohustatud ja diskrimineeritud vähemustena. Samuti on nüüdisaegne võim liikumas aina enam hämartegutsemise poole, mis seni oli omane vastupanuvõitlejatele, ning võtmas oma toimesihiks inimeste hämaramaid, raskestihoomatavamaid meelekihte. Ja nii nagu nõrk praktika kasutab vahel toimetaktikana nõrgestamist, nii teeb seda ka tugev praktika, seda küll sootuks teistsuguses sihis. Nimelt on ideaalseks subjektiks nii valitsemise kui ka äri seisukohast saanud ebastabiilne, pidevas poolväsimuses—nõrk—inimene, keegi, kes tahab kogu aeg midagi muud kui seda, mis tal parajasti on, ja kes aina suhtleb, suhtleb, suhtleb, nii et tal puudub aeg ja võimalus mõtlemajäämiseks ja millegi päriselt märkamiseks.[22] Jõuetus ja passiivsus, mis selle mõjul üleüldiselt maad võtab, ei julgusta sugugi nõrkade praktikate kasutuselevõttu—see nõuaks oluliselt enam kujutlusjõudu ja vastupanuvõimet. Vastupidi, see toob hoopis kaasa tagasilanguse apaatiasse, mis väljendub nostalgias võimsa riigi ja kangelaslikkuse järele, banaalsemate identiteediprotsesside tagasitulekus ja üleüldisemas sümpaatias tugeva monumentaalsuse vastu. Nähtus, mida Eesti puhul on toonud esile Tarmo Jüristo—ta nimetab seda kangelase tagasitulekuks[23]—, on globaalne fenomen, mille sümptomeid võib täheldada kõikjal.

See lubab märgata, et nõrgas praktikas ei tohiks nõrgestamine muutuda eesmärgiks iseeneses, sest nõrgestada on võimalik ka liiga palju, nii et tulemuseks ei ole enam midagi ärgitavat ja aktiveerivat, vaid jõuetustunne kas perspektiivide, variantide üleküllusest või siis liigsest kasinustamisest. On seega oluline mitte

must not become a goal unto itself, as it is possible to weaken something to excess, so that the outcome is no longer anything that ignites and activates but rather a feeling of helplessness in the face of a profusion of perspectives and options, or the opposite—excessive austerity. It is thus important not to forget that the main goal of weak theorypractice is empowerment and inspiring, building and healing.

The main question appears to be how to achieve that goal. How could a theorypractice nurture empathetic capacity for imagination and action, moving people to deeds and replacing passivity with smart practices, based on understanding and care? Even if it is most appropriate to use indirect and fuzzy tactics to achieve this target, it might make just as much sense in the current situation to use strong and direct strategies. But when to use which one? When to use a monument, when to use a riddle and when to use their intermediate forms—a riddling monument or monumental riddle?

This question still requires its fair share of puzzling out. One thing is clear: a simple answer is not enough. Perhaps that is not so bad: among the advantages of a weak theorypractice are its scepticism towards well-defined formulae, and its extreme sensitivity towards the dynamic features of the situation. Thus, it can never sit back satisfied but has to keep looking for a situation-responsive set of tactics, making use of all of the means at its disposal, ranging from monuments to riddles.

Eik Hermann is a lecturer of philosophy and practice-based theory at the Estonian Academy of Arts and coeditor-in-chief of architecture magazine Ehituskunst. He holds a MA in philosophy from Estonian Institute of Humanities, Tallinn University from 2005. His current focus lies mainly in the grey areas between theoretical and practical, material and mental, psychological and political, and technical and poetical.

unustada, et eesmärk peaks siiski olema võimestamine ja ärgitamine, ülesehitamine ja ravimine.

Põhiliseks küsimuseks näibki olevat, kuidas seda eesmärki saavutada. Millal suudab teooriapraktika (s.h looming) toita empaatilist kujutlus- ja teovõimet ning ärgitada ja püsistada passiivsuse asemel tarku, mõistmisel põhinevaid praktikaid? Võib selguda, et selle mõjusihi saavutamiseks on praegustes oludes kõige õigem kasutada kaudsete ja ähmaste taktikate asemel hoopis tugevaid ja otseseid taktikaid. Kuid millal siis mida kasutada? Millal kasutada monumenti, millal mõistatust ja millal nende vahevorme, näiteks mõistatuslikku monumenti või monumentaalset mõistatust?

See küsimus nõuab veel omajagu mõistatamist. Niipalju on selge, et ühestki lihtsast vastusest siin ei piisa. Ehk ei olegi see nii halb, sest nõrga teomõtte eeliseks ongi just kahtlus selgekujuliste valemite suhtes ning olukorra dünaamika ülitundlik arvessevõtt. Nii ei saagi see iial rahule jääda, vaid peab oma tuleviku- ja mälutöös pidevalt otsima olukorrale vastavat kompleksset relatsionistlikku taktikat, mis kombineerib tundlikult kõiki enda käsutuses olevaid mõjuvahendeid, alates monumentidest kuni mõistatusteni.

Eik Hermann on filosoofia ja praktikapõhise teooria lektor Eesti Kunstiakadeemias ning ajakirja Ehituskunst kaaspeatoimetaja. Ta omandas magistrikraadi filosoofias Tallinna Ülikooli Eesti Humanitaarinstituudis 2005. aastal. Tema praeguses huviorbiidis on ennekõike erinevad vahe- ja üleminekualad—teoreetilise ja praktilise, meelelise ja kehalise, psüühilise ja poliitilise, tehnilise ja poeetilise vahel.

1   Expanding on this idea, we could say that a dominant position is accompanied by a certain kind of knowledge that could be called *strong* knowledge or *subordinating* knowledge, insofar as it operates without the need to take into account the weaker side's viewpoint and, thus, has the "freedom" to paint a situation as governed by one consistent principle, pure and unequivocal. The problematics here revolve around the *ways towards more effective manipulation*. Is it a coincidence that the European urge to conquer was accompanied by furious advances in hard sciences that centred on the question of how to manipulate matter more easily, more passively?
    Seda mõtet laiendades võiks öelda, et jõupositsiooniga käib kaasas kindlat sorti teadmine, mida võiks nimetada *tugevaks, allutavaks* teadmiseks, niivõrd kui siin ei ole tingimata vaja nõrgema poole vaatepunkti arvesse võtta ja sestap on võimalik olukorda esitada ühele järjekindlale printsiibile alluvana—puhta ja ühemõttelisena. Põhiküsimus on siin see, *kuidas manipuleerida*. Kas see on juhus, et euroopaliku vallutustungiga on kaasas käinud just loodusteaduste areng, mis on tegelenud sellega, kuidas muuta ainest aina paremini manipuleeritavamaks, aina passiivsemaks?
2   David Graeber, "Revolution in Reverse". – "*Revolutions in Reverse: Essays on Politics, Violence, Art, and Imagination*". NY: Autonomedia, 2011, pp. / lk 48–49.
3   Ibid., pp. / lk 49–50.
4   Ibid., pp. / lk 46–47.
5   Ibid., pp. / lk 61.
6   Ibid., pp. / lk 61–64.
7   For more on the alleviatory, consoling and thus uniting function of art, based on the example Estonian literature, see e.g. Kunsti leevendava, lohutava ja seekaudu ühendava funktsiooni kohta Eesti kirjanduse näitel vt nt
    Jaak Tomberg, "*Kirjanduse lepitav otstarve*". Tartu: Tartu Ülikooli kirjastus, 2011.
8   Hasso Krull, "Igavus ja vägivald: väikese fotograafia toetuseks." – Hasso Krull, "*Katkestuse kultuur*". Tallinn: Vagabund, 1996, p. / lk 188.
9   Ibid., p. / lk 189.
10 Ibid., pp. / lk 189–190.
11 Hasso Krull, "*Mõistatuse sild: kirjutisi aastatest 2009–2016*". Tartu: Kaksikhammas, 2016, p. / lk 5.
12 Ibid., p. / lk 8.
13 David Graeber, "Revolution in Reverse", pp. / lk 60–61.
14 Marek Tamm, "Eesti monumentaalne mälumaastik: sõjasambad ja sambasõjad". – "*Monumentaalne ajalugu. Esseid Eesti ajalookultuurist*". Loomingu Raamatukogu, no. / nr 28–30, 2012, p. / lk 95.
15 Ibid., pp. / lk 160–161.
16 Oskar Loorits, "*Eestluse elujõud*". Uppsala: Törvik, 1951, pp. / lk 10–11.
17 Ibid., pp. / lk 11–12.
18 Hasso Krull, "Väikese kirjanduse määratlus". – "*Katkestuse kultuur*". Tallinn: Vagabund, 1996, p. / lk 86.
19 Andres Kurg, "Werewolves on Cattle Street: Estonian Collective Farms and Postmodern Architecture". – Vladimir Kulic (Ed.). "*Second World Postmodernisms*". London: Bloomsbury 2018 (forthcoming / ilmumisel).
20 Leonhard Lapin, "*Avangard: Tartu Ülikooli filosoofiateaduskonna vabade kunstide professori Leonhard Lapini loengud 2001. aastal*". Tartu: Tartu Ülikool, 2003.
21 Hasso Krull, "Väikese kirjanduse määratlus", p. / lk 87.
22 For more on this, see e.g. / Selle kohta vt nt Byung-Chul Han, "*Burnout Society*". Trans. / tõlk. Eric Butler. Stanford: Stanford University Press, 2015.
23 See e.g. Jüristo's comments on Estonian public television on the programme "Kaheköne": / Vt nt Jüristo väljaütlemisi Eesti riigitelevisiooni saates "Kaheköne": accessed / külastatud 21.03.2018, https://etv.err.ee/v/eesti/b4ec93b7-afe0-4ed2-952b-28004a6a1d7f/tarmo-juristo-presidendivalimistest-tekkinud-on-ja-nu-kangelaste-jarele
    See also his forthcoming doctoral dissertation on the history of heroic narratives in the western European context: / Vt ka tema varsti ilmuvat doktoritööd kangelaslugude ajaloost Lääne-Euroopa kontekstis: / Tarmo Jüristo, Axes of Virtue: Heroism in Western Culture. Tallinn: Tallinn University, avaldamata doktoritöö.

Images and Keywords
An Introduction to the Collection of Weak Monuments

Klaus Platzgummer

Pildid ja märksõnad
Sissejuhatus nõrkade monumentide kollektsioonile

Klaus Platzgummer

Searching

In 2000, Jennifer Lopez and the green chiffon Versace dress that she wore to the Grammy Awards caused an unseen number of queries on the Google search engine. In an article, published fifteen years later, Eric Schmidt, the chairman of Google, disclosed: "At the time, it was the most popular search query we had ever seen [...] but we had no sure-fire way of getting users exactly what they wanted."[1] In fact, what they got was pretty rough. Though the algorithm engineering was already technically very complex, such a query resulted in a primitive page of *text*, which was broken up by ten blue hyperlinks. Indeed, this was not what Google's users were looking for when they searched for JLo and her green Versace dress. Rather than scrolling through and reading links, they wanted to access and look at *images*. As a consequence to this problem, Google expanded its algorithm and added a feature, which allowed a user to find not only hyperlinks to other websites, but also images in response to his or her query. This is how Google Image Search was born.

BilderAtlas

Google's efficient search algorithm has since become omnipresent, and the retrieval of images has never before been as instant as it is today. By typing just a few keywords into the engine, our screens immediately present an endless *cluster* of images. This has had the effect that as soon as an image is put online it becomes findable, and has had the secondary effect of making these images totally reproducible—at any given time and in any given place. The following discussion must first be preceded with the actuality that the reproducibility of images today goes far beyond the imagined pervasiveness of this phenomenon imagined by Walter Benjamin at the beginning of the last century. In an age of immediate access to images, Benjamin's bemoaning over the problematic loss of aura through the mass-disseminated image has become almost an unavoidable condition.[2]

Päringud

2000. aasta Grammy auhinnagalal kandis Jennifer Lopez rohelist Versace šifoonkleiti, mille kohta tehti pärast Google'i otsingumootoris seninägematul hulgal päringuid. Google'i juhatuse esimees Eric Schmidt avalikustas selle fakti 15 aastat hiljem ühes artiklis: "Tol hetkel oli see kõige populaarsem päring, mida me olime kunagi näinud [...], kuid me ei suutnud pakkuda kasutajatele soovitud tulemust"[1]—päringu tulemused edastati peaaegu et töötlemata kujul. Kuna algorütmi kirjutamine oli tehniliselt keerukas, siis oli toona sellise päringu tulemuseks lehekülgede kaupa primitiivset teksti pikituna siniste hüperlinkidega. See polnud sugugi sell, mida Google'i kasutajad lootsid saada JLo ja tema rohelise Versace kleidi päringu vastusena. Lugemise ning linkide läbisirvimise asemel sooviti pilte vaadata. Probleemi ilmsiks tulekul täiendas Google oma päringu algorütmi ning lisas võimaluse, mis ei andnud vastuseks mitte ainult järgmistele veebilehtedele viitavaid hüperlinke, vaid ka pilte endid. Nii sündiski Google pildiotsingumootor (*Google Image Search*).

BilderAtlas

Google'i tõhus algoritm muutus kõigile kättesaadavaks ning eales varem pole piltide otsimine ja allalaadimine olnud nii kiire kui praegu. Kui sisestada otsingumootorisse vaid mõned märksõnad, kuvatakse kohe meie ekraanidele lõputu arv pilte. Seega muutub iga pilt, mis internetti üles pannakse, kättesaadavaks ning lisaks veel täielikult reprodutseeritavaks—igal hetkel ning igal pool. Järgneva mõttearenduse eelduseks on tõsiasi, et piltide reprodutseeritavus on muutunud tänapäeval reaalsuseks, mis ületab kaugelt Walter Benjamini eelmise sajandi algusaegadest pärineva ettekujutuse. Ajal, mil juurdepääs piltidele on vahetu, on Benjamini mure massilisest levitamisest tuleneva fotode aura kadumise pärast muutunud peaaegu möödapääsmatuks olukorraks.[2]

To art historians, the way Google Image Search works and appears might call to mind the "*BilderAtlas Mnemosyne*" project by Aby Warburg (1866–1929). Warburg began this project in 1924, as an attempt to explore and conceptualise the afterlife of antiquity in European artistic production and culture at large. However, the originality and radicalism of this 'picture atlas' lies not in the object of study, but in its method, which turns away from the traditional approach of expressing complex cultural phenomena through text. Warburg, who found writing a painful task, through *BilderAtlas* found a way to express his thinking mainly through images and relegated text to a subordinated role. The project remains unfinished, since Warburg's untimely and sudden death. In its latest iteration from 1929, the *BilderAtlas* brings together 971 objects, depicted through various kinds of visual material, pinned as *clusters* on sixty-three wooden panels.[3] The media used range from photographs to book illustrations, and include postcards, graphics, and even newspaper clippings.

While developing this project, those *clusters* of images were subject to constant change. "The method of pinning photographs to a canvas presented an easy way of marshalling the material and reshuffling it in ever new combinations [...]," especially for Warburg "who wrote with such difficulty and who felt the need to recast his formulations incessantly was here presented with a method which would ease his labours."[4] It was not, however, solely a problem with writing, it was also the complexity of his historical view, which made it difficult for him to present a history through discursive language.[5] For Warburg, all images and cultural artefacts in general, were charged with conflicting and contradicting forces, which lead him to develop an "art history without a text".[6]

The text appears in his project only in notes and even those are barely comprehensible grammatically. Most panels do not include a title nor other forms of information, which could be used for identification. Only Warburg's colleague, Gertrud Bing's notebook adds

Viis, kuidas Google'i pildiotsing töötab, võib kunstiajaloolastele meenutada Aby Warburgi (1866–1929) "*BilderAtlas Mnemosyne*" projekti. Warburg alustas oma projektiga 1924. aastal kui katsega käsitleda laiemalt ning kontseptualiseerida antiikaja järelmõju Euroopa kunstis ja kultuuris. Kuid tema nn pildiatlase originaalsus ja radikaalsus ei peitu mitte niivõrd selle uurimisobjektides, vaid meetodis, mis loobub keeruka kultuuripärandi tekstilisest kirjeldamisest. Warburg, kelle jaoks kirjutamine oli vaevanõudev ettevõtmine, töötas välja viisi, kuidas väljendada oma mõtteid piltide kaudu, omistades tekstile teisejärgulise rolli. Projekt jäi lõpetamata autori ootamatu surma tõttu, kuid viimases 1929. aasta *BilderAtlas*es ("Pildiatlases") on 971 kannet mitmesugustest pildilistest materjalidest, mis on kinnitatud klambritega kuuekümne kolmele puidust alusele.[3] Need materjalid sisaldavad fotosid, raamatuillustratsioone, postkaarte, graafikat ning isegi ajaleheväljalõikeid.

Töö käigus olid piltide *kogumid* pidevas muutuses: "Fotode nõeltega lõuendile kinnitamine võimaldas materjali hõlpsalt sorteerida ning ümber paigutada [...]" ja seda eriti Warburgile "kelle jaoks kirjutamine oli väga raske ning kes, tundes vajadust oma mõtteid ümber sõnastada, sai taolise meetodi abil oma tööd lihtsustada."[4] Probleem ei seisnenud ainult kirjutamises, vaid ka temapoolses ajaloo tõlgendamise keerukuses, mis muutis diskursiivses keeles ajaloo edasiandmise raskeks.[5] Warburgi jaoks oli iga pilt ning kultuuriline artefakt laetud konfliktide ja vastuoludega, mistõttu ta töötas välja põhimõtteliselt "tekstivaba kunstiajaloo".[6]

Warburg kasutas oma töös teksti vaid märkmete tegemiseks ning isegi need on grammatiliselt vaevu mõistetavad. Enamikul puidust alustest ei ole mingit pealkirja ega muud identifitseerivat informatsiooni. On ainult Warburgi kolleegi Gertrud Bingi märkmik, mis lisab piltidele mõningast sõnalist infot. War-

Aby Warburg, "Mnemosyne Atlas" Panel 79, 1929

Warburg's collaborator Gertrud Bing recorded Warburg's comment: "*Messe. Verzehren des Gottes. Bolsena, Botticelli. Heidentum in d. Kirche. Bluthostienwunder. Transsubstaziation. Italienischer Verbrecher von der letzen Ölung.*" ("Mass. Devouring of God. Bolsena, Botticelli. Paganism in the Church. Eucharist Miracle of the bleeding host. Transubstantiation. Italian criminal before the last rites.")

Warburgi kaastöötaja Gertrud Bing jäädvustas Warburgi kommentaari: "*Messe. Verzehren des Gottes. Bolsena, Botticelli. Heidentum in d. Kirche. Bluthostienwunder. Transsubstaziation. Italienischer Verbrecher von der letzen Ölung.*" ("Missa. Jumala neelamine. Bolsena, Botticelli. Paganlus kirikus. Euharistia vereime. Substantsi ümbermuutmine. Itaalia kurjategija enne viimseid riitusi.")

© The Warburg Institute, London.

burgi juhiste järgi kirjutas ta lühikesed pealkirjad koos mõne kiirkirjalise mõttearendusega, märkides ära igal paneelil esinevad objektid ja teemad.[7]

Vaatamata sellele, et Warburgi meetod demonstreerib tema tõmmet visuaalse meedia poole, töötab see samal ajal vastu pildile kui autonoomsele objektile.[8] Igal paneelil on täpne valik pilte, mis on hoolikalt grupeeritud *pildikogumiks*. Pilte tuleb n-ö lugeda vastavalt nende paigutusele ning üheskoos teiste paneelidega. Tulemuste korrastamine lihtsakoeliste lineaarsete kriteeriumite alusel (nagu seda on näiteks aeg), ei oleks Warburgi jaoks olnud sugugi informatiivne, ehk nagu ta ise märkis: "Katse luua puhtalt kronoloogilisi jaotusi ei saa anda usaldusväärseid ning selgeid klassifitseerimise põhimõtteid."[9] Lõppeks ongi see piltide paigutamine pildikogumitesse, mis hoiab ära komplekssete fenomenide piiritletud klassifitseerimise ning tõlgendamise.

Warburgi lähenemine oma uurimisobjektidele ei põhinenud tingimata kriteeriumitel, nagu seda on näiteks järjepidevus ja tuttavlikkus, vaid ta käsitles neid veel tundmatu terviku osadena. Kurt Forster kirjutas: "Ta õppis liikuma omaenda kultuuri ajaloos nagu võõras, märgates kõike, mis ei sobinud, mis oli killustatud või mõistatuslik. Teda võib õigustatult pidada oma kultuuri etnoloogiks: vaatlejaks, kes astub eemale kõigest, millest soovib rohkem teada."[10]

Arhitektuuri arhitektuur

Seistes tänapäeval silmitsi üldise visuaalse reostusega, millest ei ole pääsenud ka arhitektuur, muutub piltide kriitiline kasutamine praktikas keskseks teemaks.[11] Warburg on *BilderAtlases* justkui ettenägelikult pakkunud välja kriitilise ja tulemusliku lahenduse, kuidas käsitleda pilte visuaalses üleküllluses. Viisist, kuidas järgnevatel lehekülgedel olevad pildid on kokku kogutud, välja valitud ning grupeeritud, võib aimata Warburgi mõtteviisi kauget kaja, mida on uuendatud nüüdisaegsete töövahenditega.

some verbal formulas to the images. Following Warburg's guidance, Bing noted brief headings—expanded with some conceptual shorthand—sign-posting the main subjects and themes of each panel.[7]

And although Warburg's method demonstrates his general attraction to visual media, it simultaneously refutes the possibility of the image as an autonomous object.[8] Each panel proposes a critical selection of images and their careful arrangement in a *cluster*. In fact, the images must be 'read' in the realm through their layouts and seen in connection to one another. An arrangement of the findings in a primitive, linear criteria (such as time, for example) would have been completely non-informative for Warburg. As he once pointed out: "an attempt to set up purely chronological divisions can yield no reliable, obvious principles of categorization."[9] Eventually, it is this arrangement of the images within clusters, which prevents the hard-and-fast classification and interpretation of a complex phenomenon.

Warburg's approach to his objects of research was not necessarily based on criteria, such as continuity and familiarity, but he regarded them as *fragments* of an unknowable whole. "He learned to move within the historical realms of his own culture like a stranger, attentive to everything that did not fit, or was fragmentary or enigmatic. He can be justly described as an ethnologist of his own culture: an observer who stands aloof wherever he hopes to gain an insight."[10]

Architecture of Architecture
In our own age we face a general visual contamination, from which architecture is not exempt. A critical practice of image usage then becomes a central concern.[11] Warburg's *BilderAtlas* may have 'anticipated' a critical and productive mode of treating images in this condition of visual excess. The way the images on the following pages have been collected, selected, and arranged, can be understood as a distant echo of Warburg's way of thinking, rejuvenated through the contemporary *tools* of searching.

Kollektsioon nõrkadest monumentidest on 2017. aasta juunis alguse saanud laiema ettevõtmise osa. Pildid on esmalt alla laetud virtuaalsetest hoidlatest, paljudel juhtudel on üle vaadatud ka originaalid, seejärel on pildid skaneeritud ning peatükkidesse paigutatud enne kui need selle kataloogi tarbeks reprodutseeriti. Püüdes piiritleda "nõrga monumendi" mõistet läbi pildimaterjali, on siia koondatud fotode, maalide, joonistuste ja seinavaipade reproduktsioonid. See kollektsioon taotleb ühtset lähenemist ning kontseptuaalset definitsiooni, mille leiab üldistatud kujul kataloogi algusest. Iga pildiga on seotud lühikesed tekstilõigud, mis loovad seoseid visuaalse ja kontseptuaalse definitsiooni vahel ning ühendavad need ühtseks tervikuks.

Projekt "Nõrk monument" uurib monumentaalsuse alternatiivseid konstruktsioone—ja konstruktsioonina ei peeta siin silmas midagi füüsilist, vaid just lähenemisviise ehk Derrida sõnu kasutades "arhitektuuri arhitektuuri".

Noomivalt on ta kord meelde tuletanud: "Ärge kunagi unustage, et alati on olemas ka arhitektuuri arhitektuur. Tagasi minnes selle arhailiste alusteni on ka kõige fundamentaalsem arhitektuuri kontseptsioon tegelikult konstrueeritud. Loomulikuks saanud arhitektuur on meile pärandatud: me elame selle keskel ning see elab meis; me mõtleme, et see on ette nähtud asustamiseks, ning seetõttu lakkab see meie jaoks olemast objekt. Kuid me peame selles ära tundma *artefakti, konstruktsiooni*, monumendi. See ei ole taevast kukkunud – see ei ole loomulik, isegi kui selle kaudu moodustub selge suhtemuster looduse, taeva, maa, inimliku ja jumaliku vahel."[12] Kui jätkata Derrida mõtet, siis on tema sõnul olemas oht unustada kontseptuaalsete konstruktsioonide olemasolu, millele lisandub veel raskendava faktina üldine teadmatus nende konstruktsioonide loomise *tööriistadest*.

Tänapäeval tähendab see leppimist kõikehõlmavate digitaalsete vahendi-

The Collection of Weak Monuments is the result of a larger enterprise, begun in June 2017. The images have been first retrieved from online repositories, in many cases revisited as an original, scanned, and then arranged, before reproduced on the pages of this catalogue. It gathers the reproductions of photographs, paintings, drawings, and tapestries, and attempts to circumscribe the *concept* of the 'Weak Monument' through a body of images. Eventually, this collection seeks to converge with its conceptual definition, which has been extrapolated at the beginning of this catalogue in a discursive language. Short pieces of text, attached to each image create affinities between the visual body and the conceptual definition and bring those to a marriage.

Ultimately, the project explores an alternative *construction* of monumentality. Indeed, here *construction* is not understood as a construction of a *physis*, but as a construction of a *concept*, or in Derrida's words, as a construction of an "architecture of architecture." With admonishing words, he once reminded us to "never forget that there is always an architecture of architecture. Down even to its archaic foundation, the most fundamental concept of architecture has been *constructed*. This naturalized architecture is bequeathed to us: we inhabit it, it inhabits us, we think it is destined for habitation, and it is no longer an object for us at all. But we must recognize in it an *artefact*, a *construction*, a monument. It did not fall from the sky: it is not natural, even if it informs a specific scheme of relations to *physis*, the sky, the earth, the human and the divine."[12] Picking up on Derrida's thread, there exists a danger to forget the existence of conceptual constructions and to that one must add the aggravating fact of a general unawareness for the *tools* involved in these constructions.

Contemporarily, this means acknowledging the omnipresence of digital tools, which help us retrieve information and images through a fundamentally new logic. As Mario Carpo recently pointed out, "at some point early in the new millennium some digital tools started

tega, mis aitavad hankida infot ning ka pilte täielikult uue loogika alusel. Mario Carpo on hiljuti täheldanud: "Ühel hetkel uue sajandi alguses hakkasid mõned digitaalsed tööriistad toimima uuel viisil, järgides uut ning ilmselt seletamatut loogikat—sedasorti "otsi, ära sorteeri" loogikat, mis on omane uuele andmeteadusele."[13] *Google Image Search* on üks sellistest digitaalsetest tööriistadest, mille mõju laieneb loomulikult ka arhitektuurile, samaaegselt arhitektuursete praktikate püüdlusega positsioneerida end teadlikult eemale kõigest "digitaalsest". Samas ka disainifilosoofiad, mis on traditsiooniliselt käsitlenud arhitekti autorina, jättes küll arhitektuurse vormi arendamise delegeerimata skriptidele ja mikroprotsessoritele, ei jää mõjutamata praegusest epistemoloogilisest nihkest. See nihe ei ilmuta end mitte üksnes arhitektuursete objektide olemuses, mida toovad kaasa digitaalse modelleerimise tarkvarad ning tootmisvahendid, vaid ka imbudes kontseptsioonidesse endisse—sellesse, kuidas tänapäeval arhitektuurset mõtet korraldatakse ja püstitatakse.

Ülesehitus
Enne kollektsiooni süvenemist jääb veel üks küsimus, mida uurida.

Kuidas sellised konstruktsioonid tekivad ning kuidas need muutuvad ajapikku asustatavaks? Siin on väga erinevaid pilte, mõned nendest on ilmselged, teised jäävad umbmääraseks. Üksikute piltide vahelistele seostele on vihjatud, kuid valdavalt pole neid seoseid selgitatud. Kollektsioon esitab vastuolulisi ning konfliktseid piltide komplekte, ent ei lisa lõplikku sünteesi. "Nõrga monumendi" vastuolusid ei ole kunagi võimalik edukalt lepitada, sest selline püüdlus oleks vastuolus kontseptsiooni mittenormatiivse olemusega. Sellist avatud olekut aga ei tohiks valesti tõlgendada mõttenõrkuseks.

Selle konstruktsiooni lõplik püstitamine on delegeeritud kollektsiooni n-ö lugejatele. Nemad on need, kes paigutatakse nüüd justkui ehitusplatsile.

to function in a new way, as if following a new and apparently inscrutable logic—the "search, don't sort" logic of the new science of data."[13] Eventually, the effects of digital tools, such as Google Image Search, naturally expand to also affect architecture, as practices concurrently position themselves consciously against 'the digital'. Design philosophies in the long-standing tradition of the architect as an author, without delegating the evolution of architectural form to scripts and microprocessors, remain not unaffected by the current epistemological shift. In fact, this shift manifests itself, not exclusively in the *physis* of architectural objects—implicated by digital modelling software and fabrication tools—but it infiltrates the *concepts* themselves, in the ways in which architectural thought is organised and erected.

Edification

Before diving into the collection, there still remains a question to explore.

How does this construction emerge, and how is it eventually made 'inhabitable'? On the following pages, one is confronted with different kinds of images—some are explicit, while some remain obscure. Relations between the individual images are hinted at, but remain largely unexplained. The collection openly exposes a conflicting and contradicting set of images, without bringing them to a finite synthesis. Indeed, the contradictions of 'Weak Monument' could never be successfully reconciled, since such an endeavour would be contrary to its non-prescriptive nature. This openness, however, is not to be misinterpreted as resulting from a weakness of thinking.

In fact, the final erection of this construction is delegated to the collection's 'readers'. It is them, who are metaphorically positioned on a construction site. It is them, who are confronted with a series of fragments. It is them, who must then decipher said fragments and draw relations—between tents and gothic illuminations,

Nemad on need, kes seisavad silmitsi seeria fragmentidega. Nemad on need, kes peavad need fragmendid lahti mõtestama ning leidma seoseid telkide ja gooti illuminatsioonide, puidust seinte ja vaatetornide, sarkofaagide ja meeleavalduste vahel. Lugejal palutakse see kõik kokku koguda ning konstrueerida ise oma enda nõrk monument, mis võib võtta palju eri vorme. Selles mõttes ei ole selle kollektsiooni eesmärk näitlikustada kindlat nõrka monumenti. See on loodud kui *pensiero debole*, "nõrk mõte", mis Gianni Vattimo väljenduses ei tähenda mitte "mõtlemise kui sellise nõrkust, vaid viitab sellele, et mõtlemine ei ole enam demonstratiivne, vaid pigem ülesehitav. Sellises piiratud mõttes on mõtlemine muutunud nõrgemaks."[14]

Klaus Platzgummer õpetab AA arhitektuurikoolis ajaloo- ja teooriateaduskonnas Londonis ning on teaduslik töötaja Berliini Tehnikaülikooli arhitektuuriteooria osakonnas. Tema magistritöö ajaloo ning kriitilise mõtlemise osakonnas AA arhitektuurikoolis uuris entsüklopeedilist korrastamist arhitektuurses mõtlemises.

between wooden walls and observation towers, between sarcophagi and demonstrations. The reader is asked to bring this all together, and to construct a 'Weak Monument' of his or her own. This act of building can take many forms. In this sense, this collection is not a demonstration of *the* 'Weak Monument'. It is, instead, established as a *pensiero debole* [weak thought]. To express this with Gianni Vattimo's words, a *pensiero debole* is not "a weakness of thinking as such. It is just that, because thinking is no longer demonstrative but rather edifying, it has become in that restricted sense weaker."[14]

Klaus Platzgummer is a tutor for History and Theory Studies at the AA Undergraduate and Graduate School in London and a research and teaching fellow at the Department of Architectural Theory, Technische Universität Berlin. His dissertation for the M.A. History and Critical Thinking at the AA examined encyclopaedic orderings of architectural knowledge.

1 Eric Schmidt, "The Tinkerer's Apprentice," *Project Syndicate*, accessed / külastatud 9.01.2015, https://www.project-syndicate.org/commentary/google-european-commission-disruptive-technological-change-by-eric-schmidt-2015-01#yMSC5I-lY7sHATDCO.99
2 Walter Benjamin, "The Work of Art in the Age of Mechanical Reproduction," in *"Illuminations"*, ed. / toim. Hannah Arendt, trans. / tõlk. Harcourt Brace Jovanovich (New York: Schocken Books, 1968), p./lk 223.
3 Christopher D. Johnson, "About the Mnemosyne Atlas", Cornell University, accessed/külastatud 25.03.2018, https://warburg.library.cornell.edu/about.
4 Ernst H. Gombrich, *"Aby Warburg: An intellectual biography"* (London: The Warburg Institute, 1970), p./lk 284.
5 Ibid., p./lk 285.
6 Philippe-Alain Michaud, *"Aby Warburg and the image in motion"*, trans./tõlge Sophie Hawkes (New York: Zone Books, 2004), p./lk 11.
7 Christopher D. Johnson, "About the Mnemosyne Atlas", Cornell University, accessed/külastatud 25.03.2018, https://warburg.library.cornell.edu/about.
8 Kurt W. Forster, "Introduction", in *"The Renewal of Pagan Antiquity: Contributions to the Cultural History of the European Renaissance"*, trans./tõlge David Britt (Los Angeles: Getty Research Institute for the History of Art and the Humanities), p. / lk 49.
9 Ibid., p./lk 35.
10 Ibid., p./lk 35 f.
11 Jörg H. Gleiter, "Architekturtheorie heute", *Wolkenkuckucksheim* 9, no. 2, accessed/külastatud 03.2005, http://www.cloud-cuckoo.net/openarchive/wolke/deu/Themen/042/Gleiter/gleiter.htm#_edn4
12 Jacques Derrida, "Point de folie — Maintenant l'architecture", *AA Files* 12, no. 2 (Summer/suvi 1986): pp./lk 65–75.
13 Mario Carpo, *"The Second Digital Turn: Design Beyond Intelligence"* (Cambridge: MIT Press, 2017), p./lk 6 ff.
14 Gianni Vattimo, and Santiago Zabala, "'Weak Thought' and the Reduction of Violence a Dialogue with Gianni Vattimo," *Common Knowledge* 8, no. 3 (2002): p./lk 452.

Catalogue

Kataloog

B
Statue of Kalevipoeg, Monument to the Estonian War of Independence
Kalevipoja kuju, Vabadussõja mälestussammas
EE, Jõgeva, Vanamõisa
Ivari Anttila
1923, 1940, 1942, 1944, 1992

Stones in the periphery

A statue of a kneeling warrior was put up to confront the East. As the East came, the statue was turned to face the West, who then came and turned him around, followed by the East, once more, who made him face the West before blowing him to pieces.

Ääremaa kivid

Põlvitav sõdalane, kes seisis silmitsi idaga. Kui idast võim üle võeti, pöörati kangelane näoga läände. Seejärel saabus võim läänest ja pööras kuju taas ümber. Järgnes uus sissetung idast, kuju pöörati veel kord läänega vastamisi ning lasti siis õhku.

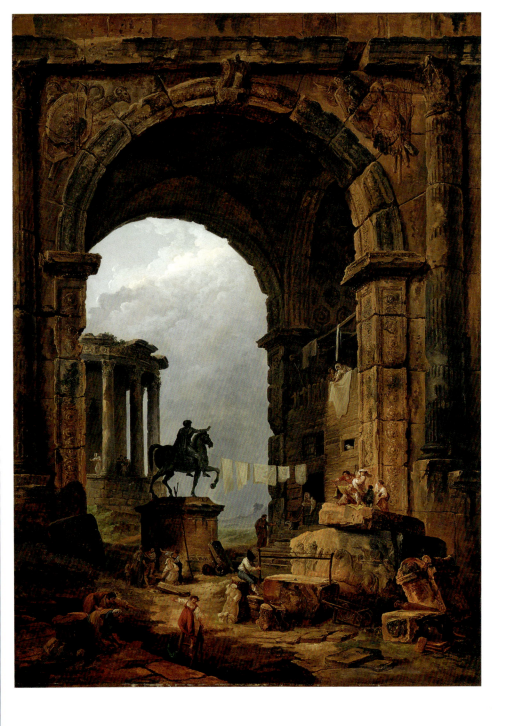

A

Title Pealkiri

"The Ancient Portico of Emperor Marcus Aurelius in Rome"
"Imperaator Marcus Aureliuse antiikne portaal Roomas"

Location Asukoht IT, Rome
Author Autor Hubert Robert
Year Aasta 1784

B

Photograph of Martin Luther monument in front of the ruins of the *Frauenkirche*
Foto Martin Lutheri ausambast *Frauenkirche* varemete ees

DE, Dresden
Giso Löwe
1958

The monument and the ruin
A Romantic depiction of an imaginary Antique landscape and a photograph of Dresden thirteen years after the end of the war: both show a body on a plinth among (other) ruins. The classical monument as the ruin, appears only somewhat significant.

Monument ja varemed
Romantismiaegne pilt kujuteldavast antiikmaastikust ning foto Dresdenist 13 aastat pärast II maailmasõja lõppu. Mõlemal pildil on keset varemeid pjedestaalil inimkogu. Klassikalised monumendid, nagu varemedki, paistavad ainult mõnevõrra olulised.

The Ruin   Vare

	A	B
Title Pealkiri	**Drawing of Tartu Domchurch** Joonistus Tartu Toomkirikust	**Ruins of Tsooru manor park** Tsooru mõisa pargi varemed
Location Asukoht	**EE, Tartu**	**EE, Võrumaa, Tsooru**
Author Autor	**Johann Wilhelm Krause**	–
Year Aasta	**1803**	**19th century** 19. sajand

The picturesque

Manmade spaces in ruins. A cathedral, drawn in the manner of the *Grand Tour*, depicts the ruin as a source for Romantic creativity.

A Romantic manor park, now forgotten and barely recognisable, remains in the midst of rural landscapes.

Maalilisus

Inimese loodud ruumid varemeis. *Grand tour*'i laadis kujutatud katedraal käsitleb varemeid kui romantismiaegset loovuse allikat.

Romantismiaegne mõisapark, unustatud ja vaevu äratuntav, ent siiski säilinud kesk põllumajanduslikke maastikke.

The Ruin — Vare

	A	B
Title Pealkiri	**Monument to William Hargrave** Monument William Hargrave'ile	**Photo of Kukruse Oil Shale Mine debris hill** Foto Kukruse põlevkivikaevanduse tuhamäest
Location Asukoht	GB, London	EE, Ida-Viru, Kukruse
Author Autor	Louis Francois Roubiliac	Helmut Joonuks
Year Aasta	1757	1960s 1960ndad

Measuring of time

The spectacle of time passing measured through stone. The pyramid-shaped tomb frozen in the moment of its collapse next to the growing pyramid of industrial debris.

Aja mööde

Kivisse talletatud vaatemäng aja möödumisest. Kokkuvarisemise hetkesse tardunud püramiidikujuline hauaskulptuur kõrvuti kasvava tööstusjääkide püramiidiga.

03   The Ruin   Vare

	A	B
Title Pealkiri	**Monument to wars of Alexander I and Napoleon** Aleksander I ja Napoleoni sõdade mälestusmärk	**Protected boulevard of Vana-Vigala** Kaitstud Vana-Vigala allee
Location Asukoht	**EE, Lääne-Viru, Mõdriku**	**EE, Rapla, Vigala**
Author Autor	–	–
Year Aasta	**19th century** 19. sajand	**19th century** 19. sajand

Forgetting

Two rows of trees and a column on top of a hill mark perspectives in the landscape. Positive and negative figures of remembering and forgetting.

Unustamine

Kaks rida puid ning sammas künka tipus tähistavad vaateid maastikul. Positiivne ja negatiivne kujund meelespidamisest ja unustamisest.

The Ruin   Vare

	A	B
Title Pealkiri	Column of Saint Mary taken down on the day of revolution Maarja samba mahavõtmine revolutsiooni käigus	Derelict pier used ahead of the official development of the area Purunenud kai kasutamine enne ametlikku arendustegevust
Location Asukoht	CZ, Prague	EE, Tallinn
Author Autor	–	Kavakava arhitektuuribüroo
Year Aasta	1918	2011

New horizons

A column can go from vertical to horizontal, from one piece to many. Then the crowds stand around, stunned with fear and pride of their own doing.

Elsewhere, a harbour's edge was broken down and its ruinous form became the base of a new activity. The rubble is now used as a public beach.

Uued horisondid

Sammas võib saada vertikaalsest horisontaalseks, üks tervik võib murduda mitmeks. Inimesed seismas ümberringi, vapustatud, ühtaegu hirmunud ja uhked oma tegude üle.

Mujal aga on kokkuvarisenud sadamakai varemed aluseks uutele tegevustele — betoonrahnudest on saanud rand.

	A	B
Title Pealkiri	**Demolition of the Mausoleum of Fallen Soviet Soldiers** Langenud Nõukogude sõdurite mausoleumi lammutamine	**Unfinished district centre project for Priisle market** Kaaristu lõpetamata Priisle turu projektist
Location Asukoht	PL, Trzcianka	EE, Tallinn
Author Autor	–	Lembit Aljaste
Year Aasta	2017	1980s 1980ndad

Uselessness

The memorial to fallen Soviet soldiers in Trzcianki was demolished only weeks after it was found that no dead bodies were buried here. Instead of a burial ground it is a 'mere' monument.

Lasnamäe locals protested against the demolition of their never-completed market arches. In its 'useless' state it served for gatherings and markets.

Tarbetus

Langenud nõukogude sõdurite memoriaal Trzciankis lammutati vaid mõned nädalad pärast seda, kui oli selgunud, et sinna polnud maetud ühtegi hukkunut. Matmispaiga asemel oli see "pelgalt" monument.

Lasnamäe elanikud protesteerisid sealse lõpetamata jäänud keskuse lammutamise vastu. Oma "tarbetus" seisus toimis see kogunemispaiga ning turuna.

The Ruin   Vare

	A	B
Title Pealkiri	*Fondaco de Turchi* (the Turkish Merchants' House) from "The Stones of Venice" *Fondaco de Turchi* (Türgi kaupmeeste maja) "Veneetsia kividest"	Žit Brno activists and Zbrojovka Brno fans refurbish the derelict stadium Za Luzankami Žit Brno aktivistid ja Zbrojovka Brno fännid korrastavad mahajäetud Za Luzankami staadionit
Location Asukoht	IT, Venice	CZ, Brno
Author Autor	John Ruskin	–
Year Aasta	1853	2015

Caring and neglect

John Ruskin turns the whole of Venice into a monument and a warning. It is in some ways the impulse to preserve, that causes further destruction.

In a different context, amateur maintenance keeps the sports stadium of Luzanky from demolition, but also from refurbishment and professional use. The venue is fixed in its ruined state so it can be used by local communities.

Hoolitsus ja hooletusse jätmine

John Ruskin teeb tervest Veneetsia linnast monumendi ja ka hoiatuse. Mingis mõttes on soov kaitsta see, mis toob kaasa edasise hävingu.

Erinevas kontekstis säästab isetegevuslik korrashoid Luzanky spordiväljakut lammutamisest, kuid samas hoiab ära ka selle renoveerimise ning sihipärase kasutuse. Kohtumispaik on kinnistunud varemena, et seal saaksid tegutseda kohalikud kogukonnad.

	A	B
Title Pealkiri	Music video to song "Monument" Muusikavideo loole "Monument"	Columns of unfinished logistics centre Lõpetamata logistikakeskuse tugisambad
Location Asukoht	EE	EE, Harju
Author Autor	J.M.K.E.	–
Year Aasta	1980s 1980ndad	2010s 2010ndad

Stupid ideas

A failed logistics centre development next to the busiest road in Estonia creates a public scene of failure. The grid of concrete columns bears nothing but thin air and memories of the pre 2008 economic boom.

It oddly resembles 'real' contemporary monuments but also the Estonian punk song "Dick Monument" making fun of 'stupid ideas'.

Napakad ideed

Poolik logistikakeskuse arendus ühe Eesti tihedaima liiklusega maantee ääres on avalik stseen läbikukkumisest. Betoonvaiade võrgustik ei kanna midagi peale õhu ning mälestuse 2008. aastale eelnenud majanduslikust õitsengust.

Teatud mõttes meenutab see "päris" kaasaegseid monumente, kuid ka Eesti punklugu "Munni monument", mis naeruvääristab "napakaid ideid".

A

Title Pealkiri **Boulevard towards formerly restricted seaside**
Allee mereääreni nõukogudeaegses kinnises linnas
Location Asukoht **EE, Sillamäe**
Author Autor –
Year Aasta 1950s 1950ndad

B

Proposal for the "Memorial to the Murdered Jews of Europe"
Projekt "Euroopas hukatud juutide memoriaalile"
DE, Berlin
Horst Hoheisel
1995

Vanishing point

Sillamäe, as a uranium processing town, was closed off from the outer world. It faces the sea awkwardly as something desired but never reached. As a potential connection to the West, the sea was made inaccessible by the Soviet officials.

A void as an anti-climax of urban vista is also the artwork of Horst Hoheisel — a proposal for a symbolic removal of the Brandenburg Tor as a sign of repentance.

Silmapiir

Sillamäe, ülejäänud maailmast eraldatud ning suletud uraanitöötlemise linn, avaneb ebalevalt merele, mis on ühtaegu nii ihaldatav kui ka kättesaamatu. Nõukogude võim piiras ligipääsu merele, sest see tähendas võimalikku ühendust läänega.

Horst Hoheiseli kunstiteose keskmes on tühimik linna perspektiivvaates — Brandenburgi värava sümboolne eemaldamine kui märk kahetsusest.

The Gap — Tühimik

	A	B
Title Pealkiri	**Monument to the removed monument to Martin Luther** Mälestusmärk maha võetud Martin Lutheri mälestumärgile	**Refurbishment of Lenin Mausoleum** Lenini mausoleumi renoveerimine
Location Asukoht	**EE, Harku**	RU, Moscow
Author Autor	**Tauro Pungas**	–
Year Aasta	2010	2012–2013

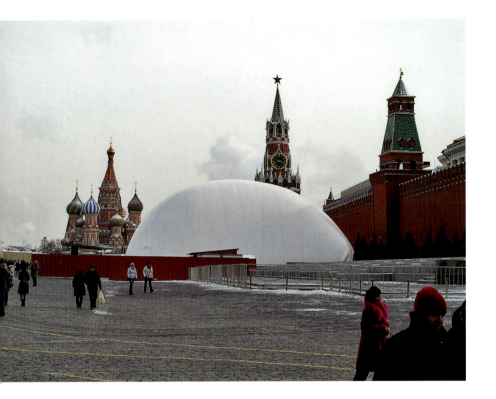

Comical absence

The placeholder to a missing monument of Martin Luther is just a print in a frame. Monument to a monument, made of paper.

In another context and on another scale, a vast white inflatable dome conceals the technical and political sensitivities implicated by the refurbishment of the mausoleum of Lenin.

Veider puudumine

Martin Lutheri kadunud monumendi asukohta tähistab raamitud pilt — paberist monument monumendile.

Erinevas kontekstis ning mõõdus varjab suur täispuhutav kuppeltelk tehniliselt ja poliitiliselt tundlikke elemente Lenini mausoleumi renoveerimistöödel.

	A	B
Title Pealkiri	**University of Tartu Narva College** Tartu Ülikooli Narva Kolledž	**Demolition of the Ministry of Finance building** Rahandusministeeriumi hoone lammutamine
Location Asukoht	EE, Narva	EE, Tallinn
Author Autor	Kavakava arhitektuuribüroo	–
Year Aasta	2012	2015

The void

The missing is framed by that which remains, for now, or by that which succeeds tomorrow. In Narva, the void, or a memory of a demolished stock exchange building, was carved out from the new-built college.

Elsewhere, the controversial demolition of a Ministry building was signified by the monumentality of the process.

Tühjus

Puuduolevat piiritleb allesolev või siis see, mis on alles tulemas. Lünk Narva kesklinnas, mälestus lammutatud börsihoonest uuristati välja uuest kolledžihoonest.

Rahandusministeeriumi hoone vastuolulist lammutamist Tallinnas tähistas selle protsessi monumentaalsus.

The Gap   Tühimik

	A	B
Title Pealkiri	**Artwork "Freeing the Horizon"** Kunstiteos "Horisondi vabastamine"	**Absent statue in front of Ministry of Foreign Affairs** Välisministeeriumi hoone fassaadi eest puuduv skulptuur
Location Asukoht	RS, Belgrade	EE, Tallinn
Author Autor	Marina Abramović	Mart Port, Uno Tölpus, Raine Karp, Olga Kontšajeva
Year Aasta	1973	1964

G04

Cutting out

In the artwork of Marina Abramović, erasure of backgrounds monumentalises that which stands out.

A blank wall of the former Estonian Communist Party Headquarters was meant to form a background for the statue of Lenin. The statue which now, of course, is missing leaves a newly meaningful cut-out.

Väljalõikamine

Tausta kaotamine Marina Abramovići teoses monumentaliseerib allesjäänu.

Endise Eestimaa Kommunistliku Partei Keskkomitee hoone lage seinaosa oli mõeldud Lenini kuju taustaks. Kuju, mida praegu loomulikult enam ei ole, jätab maha tähendusliku väljalõike.

The Gap — Tühimik

	A	B
Title Pealkiri	Remaining feet of Stalin after the removal of the rest of the statue during the 1956 demonstrations Alles jäänud Stalini jalad pärast ülejäänud kuju eemaldamist 1956. aasta rahutuste ajal	"Sunken Aschrott Fountain" artwork burying a copy of a fountain underground "Uputatud Aschrotti purskaev": maa-alune purskkaevu koopia
Location Asukoht	HU, Budapest	DE, Kassel
Author Autor	–	Horst Hoheisel
Year Aasta	1956	1985

Supporting fragments

In the case of "Stalin's shoes" in Budapest, fragments of the original statue support the void after its removal.

In a work by Horst Hoheisel, a fountain sunken in the ground first requires the construction of a reinforced concrete well.

Toetavad killud

"Stalini saapad" Budapestis — algse ausamba fragmendid raamivad tühimikku pärast kuju eemaldamist.

Horst Hoheiseli maasse uputatud purskkaevu rajamine eeldab esmalt raudbetoonist seintega kaevu ehitamist.

	A	B
Title Pealkiri	Catafalque for Imre Nagy Imre Nagy katafalk	Reconstruction of Raja Old Believers Chapel bell tower and empty foundation Raja vanausuliste palvela kellatorni ja kabeli tühja sokli renoveerimine
Location Asukoht	HU, Budapest	EE, Jõgevamaa, Raja
Author Autor	László Rajk, Gábor Bachman	Kaja Onton, Kati Niibo
Year Aasta	1989	2001–2004

Dramatic and pragmatic

In the catafalque design for Imre Nagy, the *Műcsarnok Kunsthalle* is covered with white fabric as if removed from the square. What is left is the portico, with the communist star dramatically frozen in the moment of its dismantling.

Removal is often dramatic, but can be simply pragmatic as when, because of limited funds, only a bell tower and a plinth of the Raja Old Believers Chapel were refurbished. The church itself is missing.

Dramaatiline ja pragmaatiline

Imre Nagy matusteks kujundatud katafalki tarbeks kaeti Budapesti kunstimuuseum valge kangaga, mis jättis mulje justkui oleks hoone väljakult eemaldatud. Alles jäi portikus koos selle eemaldamise hetkel dramaatiliselt tardunud viisnurgaga.

Väljajätmise protsess on sageli dramaatiline, kuid see võib olla ka lihtsalt pragmaatiline, nagu näiteks piiratud eelarvega renoveeritud Raja vanausuliste kabeli puhul—kellatorn ja sokkel on renoveeritud, kabel ise on puudu.

The Gap   Tühimik

	A	B
Title Pealkiri	Construction of the Memorial to the Victims of Communism Kommunismiohvrite memoriaali ehitus	Heygate Estate shut and sealed for redevelopment Uusarenduseks suletud Heygate'i elamurajoon
Location Asukoht	EE, Tallinn	GB, London
Author Autor	Arhitektuuribüroo JVR	Lend Lease Corporation
Year Aasta	2018	2012

Retaining

The void is a popular memorial genre, as well as a widespread practice of a free-market city.

In both cases, secondary structures are necessary to retain it. A steel reinforcement prevents the soil and the inhabitants from returning.

Säilitamine

Tühjus on populaarne memoriaalvõte ning ka laialtlevinud praktika vabaturu-majanduslikus linnas.

Mõlemal juhul on tühjuse toestamiseks vajalikud teisased struktuurid. Terasplaat ning -armatuur hoiavad pinnase ja asustajad eemal.

The Gap · Tühimik

	A	B
Title Pealkiri	Second appearance of John Lennon "memorial" Teistkordne John Lennoni "memoriaali" ilmumine	Painting "Autumn in the Old Town" Maal "Sügis vanalinnas"
Location Asukoht	CZ, Prague	EE, Tallinn
Author Autor	–	Andres Tolts
Year Aasta	1983	1983

Covering

Political signs on a garden wall in central Prague were overpainted by police. The provoking whiteness, and the rounded shape of a plumbing panel, provided a background for the 'memorial' to John Lennon. The "Lennon Wall" later hosted gatherings and protests, preceding a revolution.

Another white wall in Tallinn is a subject of a painting. It too may hold a sign, or just delimitate a part of the city.

Katmine

Politsei värvis üle poliitilised sõnumid ühel Praha aiamüüril. Provokatiivsest valgest pinnast ning ümarast veetorustiku paneelist sai taust John Lennoni "memoriaalile". "Lennoni seina" ees toimunud kogunemistest kasvasid aja möödudes välja avalikud protestid ning viimaks ka revolutsioon.

Üks teine valge sein Tallinnas on aineseks maalile. Ka sellele saaks kinnitada märgi või ehk lihtsalt piiritleda osa linnast.

The Gap — Tühimik

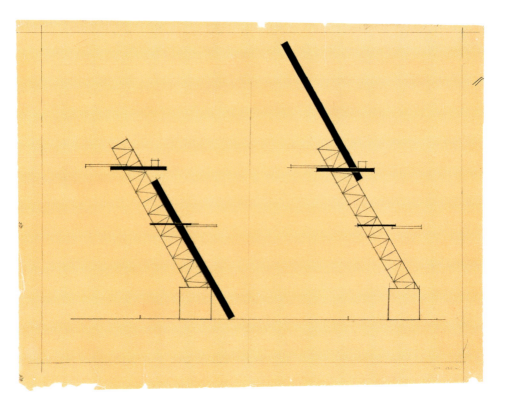

	A	B
Title Pealkiri	**Elevation drawing of Lenin Tribune Tower**	**Triangulation tower**
	Vaate joonis Lenini tribüünile	Triangulatsioonitorn
Location Asukoht	–	**EE, Ebavere**
Author Autor	El Lissitzky, Ilya Grigorevich Chashnik	–
Year Aasta	ca. 1920	–

Double sided views

El Lissitzky's tribune for Lenin is a truss-like structure with three functions: it holds a sign, supports a speaker and maintains his presence even in his absence.

The triangulation tower in Ebavere was built to see from, not to be seen on.

Kahepoolsed vaated

El Lissitzky Lenini tribüüni sõrestikulaadsel struktuuril on kolm funktsiooni — koht plakati paigaldamiseks, poodium kõnepidamiseks ning kõneleja kohalolule vihjamine ka tema puudumisel.

Ebavere vaatetorn ehitati selleks, et sellelt vaadata, mitte selleks, et sellel olijat näha.

Scaffolding   Tellingud

	A	B
Title Pealkiri	**Reinstallation of William I Statue** Wilhelm I ratsamonumendi taaspaigaldus	**Painting of Girolamo Savonarola's execution** Girolamo Savonarola hukkamise maal
Location Asukoht	**DE, Koblenz**	**IT, Florence**
Author Autor	**Raymond Kittl**	**Filippo Dolciati**
Year Aasta	**1993**	**1498**

The temporary

In the past, the excessive power of the ruler over the subject was manifest in the extreme cruelty of punishments, but also in the temporariness of the scaffold. Temporary structures can represent but also question the momentary situations of power.

In another context, cranes and scaffolding reveal how monument in their midst is not eternal but instead constructed and reconstructed.

Ajutine

Vanasti avaldus valitsejate piiramatu võim rahva üle äärmiselt julmades karistusviisides, kuid ka tapalava ajutisuses. Ajutised struktuurid võivad võimu hetkeolukorda nii näitlikustada kui ka küsitavaks muuta.

Kraanad ja tellingud monumendi ümber paljastavad selle ajutise olemuse — monumendid ei ole igavesed, vaid neid püstitatakse, muudetakse ning teisaldatakse.

Scaffolding   Tellingud

	A	B
Title Pealkiri	The placement of the monument "The Triumph of the Republic" Monumendi "Vabariigi võit" ülespanek	Protests on Puerta del Sol square Rahutused Puerta del Sol'i väljakul
Location Asukoht	FR, Paris	ES, Madrid
Author Autor	Jules Dalou	Acampada Sol protesters
Year Aasta	1899	2011

Sc03

Figures in frames

In Marec's painting, the statue of Republic appears as a vagrant figure climbing onto a construction site.

Another group of daring figures claims the scaffolding on Puerta del Sol, to intertwine its political messages with shampoo advertisement.

Raamitud kujud

Mareci maalil on Vabariiki kujutatud kui ehitusplatsile ronivat uitlevat kuju.

Üks teine grupp uljaid kujusid kasutab Puerta del Soli tellinguid, et sekkuda oma poliitiliste sõnumitega šampoonireklaamidesse.

| Scaffolding | Tellingud |

	A	B
Title Pealkiri	Shipyard workers attending Mass celebrated by John Paul II during a strike Laevatehase töötajad streigi ajal Johannes Paulus II pühitsetud missal	Temporary ramp Ajutine kaldtee
Location Asukoht	PL, Gdansk	EE, Tallinn
Author Autor	–	–
Year Aasta	1980	2018

Sc04

Accessing

Six steps leading to an improvised papal stage are covered in white fabric as part of the official political-religious spectacle.

Elsewhere, a temporary timber platform for enhanced accessibility is likely to become permanent.

Ligipääsemine

Kuus valge riidega kaetud astet viivad improviseeritud paavstlikule lavale, moodustades osa religioossest-poliitilisest vaatemängust.

Mujal aga saab ligipääsu lihtustamiseks rajatud ajutine puidust kaldtee suure tõenäosusega alaliseks.

Scaffolding / Tellingud

	A	B
Title Pealkiri	Renovation of St Mary's Cathedral altar	Gobelin "Reconstruction"
	Tallnna Toomkiriku altari renoveerimine	Gobelään "Ülesehitus (Taastamine)"
Location Asukoht	EE, Tallinn	EE, Tallinn
Author Autor	EKA sisearhitektuur	Günther Reindorff
Year Aasta	2017	1944

Sc05

Changed perspectives

Scaffolding allows access to what is otherwise out of reach. To celebrate a historic anniversary, a temporary frame used for researching and restoring the altar by Christian Ackermann is also made accessible to the public.

Scaffolding became a platform to appreciate art, but unusually, it is a subject of art itself on Günther Reindorff's tapestry "Reconstruction".

Muutuv vaatepunkt

Tellingud võimaldavad juurdepääsu sinna, kuhu muidu pole võimalik minna. Ajaloolise sündmuse tähistamiseks püsitati ajutine karkass, mida kasutati Christian Ackermanni altariseina uuringuteks ja restaureerimiseks. Ühtlasi tagati sellele avalikkuse juurdepääs.

Tellingutest sai platform kunsti vaatamiseks, kuid Günther Reindorffi gobeläänil "Ülesehitus" on tellingud hoopis ise kunsti subjektiks.

Scaffolding · Tellingud

	A	B
Title Pealkiri	**Supporting frame of Colosso di San Carlo Borromeo** San Carlo Borromeo kuju sisekonstruktsioon	**Restoration of St Nicholas' Church tower** Niguliste kiriku torni taastamine
Location Asukoht	**IT, Arona**	**EE, Tallinn**
Author Autor	**Giovanni Battista Crespi**	–
Year Aasta	**1698**	**1980s** 1980ndad

Revealing

The hollowness of colossal monuments is disturbing. Tourists travel to see the hidden entrails of San Carlone statue and the exposed bell tower of St Nicholas church. The steel frame is seen inside out.

Paljastamine

Kolossaalsed monumendid on häirivalt õõnsad. Turistid sõitsid vaatama San Carlone kuju peidetud sisemust ning Niguliste kiriku katteta kellatorni skeletti ümberehituse ajal. Nende terasraamid on tervenisti nähtaval.

Scaffolding — Tellingud

A
Title Pealkiri **Tribune "Berlin Bleibt Frei"**
Tribüün "Berliin jääb vabaks"
Location Asukoht **DE, Berlin**
Author Autor **Hans Scharoun**
Year Aasta 1959

B
Conductor on his stand during a song festival
Dirigent laulupeol oma puldis
EE, Ambla
–
1932

Tribune

A tribune and a sign are unified by scaffolding in Hans Scharoun's famous Berlin project.

In Estonia, a timber podium with five steps is sufficient for the conductor to orchestrate the people.

Tribüün

Hans Scharouni kuulsas Berliini projektis moodustavad tellingud tribüüni ja aluse sõnumite edastamiseks.

Eestis on dirigendile koori juhatamiseks piisav viie astmega puidust poodium.

Scaffolding　　　　　　　　　　　　Tellingud

	A	B
Title Pealkiri	Paved square around the Statue of Peter the Great Sillutatud väljak ümber Peeter Suure ausamba	Curator Laura Linsi in front of a barricade guarding the Toompea political centre Kuraator Laura Linsi barrikaadide taustal Toompead kaitsmas
Location Asukoht	EE, Tallinn	EE, Tallinn
Author Autor	Leopold Adolf Bernstamm	–
Year Aasta	1910	1991

B01

Boulders

When the Statue of Peter the Great was erected in Tallinn, the square around it was paved for the first time. The statue was removed but the pavement remained to form the city's central square.

A few uprisings later, boulders not unlike Peter's plinth formed a barricade to protect the Parliament building. Laura's mom staged a photo of her in front of it subtitled 'the only warm day of that spring'.

The Base

Kivirahn

Kui Tallinnasse püstitati Peeter Suure kuju, siis sillutati esimest korda ka seda ümbritsev väljak. Kui kuju eemaldati, siis sillutis jäi ning moodustus linna keskväljak.

Mõni ülestõus hiljem kasutati suuri kivirahne selleks, et rajada barrikaad, mis kaitseks Toompea lossi. Laura ema tegi temast nende kivide juures pilti ja kirjutas allkirjaks "Laura Toompead kaitsmas, ainus soe päev sel kevadel".

Alus

	A	B
Title Pealkiri	Demolition of Stalin Monument on Letná Hill Stalini ausamba õhkimine Letná mäel	Photograph of first traces of Berlin's separation on *Puschkinallee* Fotojäädvustus Berliini jagamise esimestest jälgedest *Puschkinalleel*
Location Asukoht	CZ, Prague	DE, Berlin
Author Autor	–	Ralph Crane
Year Aasta	1963	1953

Base is monument

Stalin's statue in Prague was hastily demolished with three successive dynamite charges in comically impossible secrecy. Its granite-concrete base, unlikely itself to be removed, was protected by timber boarding and remains largely unoccupied to this day.

Another base comes into question when a street comes to an abrupt halt. The future Berlin Wall first appears as a rail and two displaced pavement stones.

Alus on monument

Stalini kuju Prahas õhiti kiirustades kolme järjestikuse dünamiidilaenguga, püüdes toimuvat koomilisel kombel salastada. Graniidist ja betoonist alus, mida ilmselgelt ei olnud võimalik eemaldada, kaitsti õhkimise ajaks puidust laudisega ning see seisab seal tänaseni.

Teist sorti alus tuleb küsimuse alla tänava järsu katkestamisega. Tulevase Berliini müüri asukohta tähistab esialgu põikpuu ning paar eemaldatud tänavakivi.

The Base   Alus

	A	B
Title Pealkiri	*Sous les pavés, la plage!* Under the pavement, the beach! Tänavakivi all—rand!	Paving the streets around the Statue of Lenin Tänavate asfalteerimine Lenini ausamba ümber
Location Asukoht	FR, Paris	EE, Tallinn
Author Autor	Gilles Caron	–
Year Aasta	1968	1950

Paving and un-paving

'Under the pavement, the beach!'
A famous slogan of the 1968 Paris protesters, who explored the practical and political implications of street surfacing.

Fifteen years earlier, streets without buildings were paved in Tallinn to create an appropriate setting for the new V. I. Lenin monument as part of a comprehensive urban project.

Sillutades ja sillutist eemaldades

"Tänavakivi all — rand!" on kuulus 1968. aasta Pariisi protesteerijate loosung, kes õppisid tundma tänavakatte praktilisi ja poliitilisi tagamõtteid.

15 aastat varem sillutati Tallinnas majadeta tänavaid, et luua sobiv keskkond uuele Lenini monumendile, mis oli osa laiaulatuslikust linnaplaneerimisprojektist.

The Base   Alus

	A	B
Title Pealkiri	**Barricade at Vinohradská Vodárna** Barrikaadid Vinohradská Vodárna ümbruses	**Roosi Street towards** **the Estonian National Museum** Roosi tänav Eesti Rahva Muuseumi suunas
Location Asukoht	CZ, Prague	EE, Tartu
Author Autor	–	Kino Maastikuarhitektid, Paik Arhitektid, maastikuarhitektuuribüroo Tajuruum
Year Aasta	1945	2017

Connecting and blocking

A paved walkway connects the centre with the Estonian National Museum in the outskirts of Tartu, in the Estonian version of the Parisian *Axe historique*.

Elsewhere, the pavement was used to block the street with a barricade built overnight.

Ühendav ja tõkestav

Värskelt sillutatud tänav Tartus ühendab äärelinnas paikneva Eesti Rahva Muuseumi kesklinnaga, moodustades Eesti versiooni Pariisi *Axe historique*'ist.

Mujal aga on sillutiskive kasutatud tänava blokeerimiseks üleöö ehitatud barrikaadiga.

	A	B
Title Pealkiri	UK's first Gay Pride Rally at the base of Nelson's Monument Ühendkuningriigi esimene *Gay Pride* paraad Nelsoni samba baasil	Stairs at Hirvepark Hirvepargi trepid
Location Asukoht	GB, London	EE, Tallinn
Author Autor	–	Herbert Johanson
Year Aasta	1972	1936

B05

Stairs and stages

The first ever Gay Pride Rally in the United Kingdom is photographed at the moment the stepped base of Nelson's Column is used as a stage for a common performance.

The Toompea staircase in Tallinn, climbing the retaining wall of the burg, forms a stage, but also an auditorium. The staircase in a park has been a site of public gatherings and protests, in which the speaker and the listener are almost indistinguishable.

Trepid ja lavad

Läbi aegade esimest Ühendkuningriikides toimunud *Gay Pride*'i pildistati hetkel, mil Nelsoni samba baasil toimus *performance*.

Trepp Tallinnas Toompeal kulgeb mööda kindluse tugimüüri ning moodustab korraga lava ja auditooriumi. Pargitrepp on olnud avalikuks kogunemis- ja kõnepidamiskohaks, muutes vahe rääkija ning kuulaja vahel peaaegu olematuks.

	A	B
Title Pealkiri	**Police guarding the plinth of Jan Hus Monument** Politsei piiramas Jan Husi monumendi pjedestaali	**Stairs onto Linnahall concert hall** Trepid Linnahalli katusele
Location Asukoht	**CZ, Prague**	**EE, Tallinn**
Author Autor	–	**Raine Karp**
Year Aasta	1988	1980

Elevating

On the day of a sensitive historic anniversary, a monumental base is guarded by the police in Prague. The base of a monument is accessible to none, but also to everyone. If on a central square, it forms a stage with a readymade audience.

The building of Linnahall in Tallinn, with its walkable roof that functions as a pier, provided access to the otherwise forbidden domain of the sea.

Tõstmine

Ajalooliselt tundlikul aastapäeval turvab politsei Prahas monumendi jalamit. Monumendi alus on kättesaamatu, kuid samal ajal ligipääsetav kõigi jaoks. Asudes väljaku keskel, tekib sellest lava juba kohalviibivale publikule.

Tallinna Linnahall — hoone, mille käidav katus toimib kaina, tähendas juurdepääsu muidu suletud mereäärele.

The Base   Alus

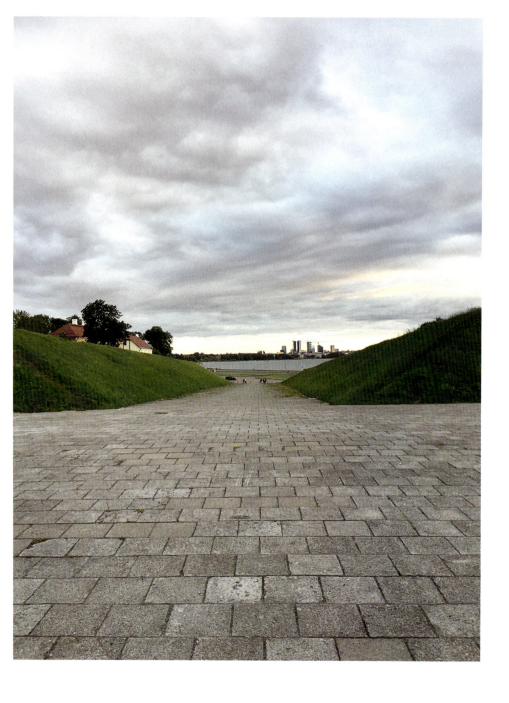

	A	B
Title Pealkiri	**Maarjamäe Memorial**	*Parc Matisse*
	Maarjamäe memoriaal	Matisse'i park
Location Asukoht	**EE, Tallinn**	**FR, Lille**
Author Autor	**Valve Pormeister, Allan Murdmaa, Henno Sepmann**	**Gilles Clement**
Year Aasta	1975	1990

Shaping grounds

The ground is always continuous until it is not. Such moments of interruption are often significant. Maarjamäe Memorial restructures landforms to utilise its position by the sea while *Parc Matisse* project creates an inaccessible island of wilderness in the midst of a public park.

Pinnase vormimine

Maapind on alati jätkuv kuni saabub otsene katkestus. Sellised katkestused on sageli märkimisväärsed. Maarjamäe memoriaal restruktureerib pinnavorme, rõhutades oma asukohta mere ääres; Prantsusmaal on avaliku pargi keskele loodud juurdepääsmatu saar metsikule loodusele.

The Base · Alus

	A	B
Title Pealkiri	**Cretto di Gibellina Memorial to a town destroyed by earthquake** Cretto di Gibellina memoriaal maavärinas hävinud linnale	**Reconstructed Soo Street** Ümberehitatud Soo tänav
Location Asukoht	**IT, Gibelliina**	**EE, Tallinn**
Author Autor	**Alberto Burri**	**SKA inseneribüroo, MTÜ Telliskivi Selts, Toomas Paaver**
Year Aasta	1984–1989	2013

Plastic monuments

Asphalt and concrete can cover, extend and unify whatever lies beneath. The way the ground is shaped by asphalt can have a direct impact on who can use the street and to which extent.

In Cretto di Gibellina, the footprints of buildings destroyed in an earthquake were covered in concrete. The remnants of the town became protected and preserved by the plastic material. The streetscape persisted.

Plastiline monument

Asfalt ja betoon võivad katta, laiendada ning ühendada kõik enda all oleva. Viis, kuidas asfalt katab maapinda võib otseselt mõjutada seda, kes ning millises ulatuses saab tänavat kasutada.

Maavärinas hävinud hoonete asukohad Cretto di Gibellinas on kaetud betooniga. Linna jäänused on kaitstud ja konserveeritud plastilise materjaliga. Tänavavõrgustik jääb püsima.

The Base / Alus

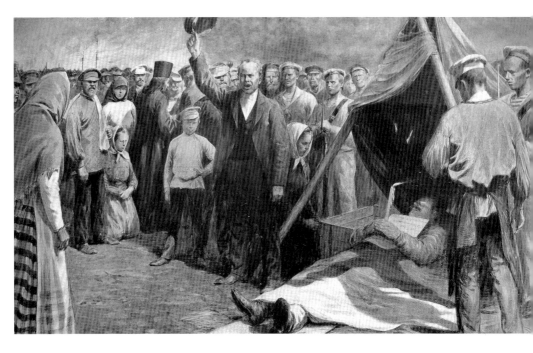

	A	B
Title Pealkiri	Sheltering of Vakulenchuk's dead body during Potemkin Ship mutiny Vakulenchuki surnukeha kaitsmine Potjomkini laeva mässu ajal	Copy of Memorial to the Murdered Jews of Europe in Bornhagen Koopia Euroopas hukatud juutide memoriaalist Bornhagenis
Location Asukoht	UA, Odessa	DE, Thüringen
Author Autor	–	Centre for Political Beauty
Year Aasta	1905	2017

Hiding

Before it becomes historic, the dead body of a mutiny sailor is covered from weather conditions so people can regroup and gather around it.

Elsewhere, a group of activists builds a copy of Berlin's Holocaust Memorial in the backyard of the right-wing extremist Björn Höcke, who claims it has 'no place in the nation's capital'. The memorial is covered from its neighbour's eyes until the concrete dries out.

Peitmine

Enne ajalooliseks tunnistamist on laevamässus osaleja surnukeha kaitstud ilmastikutingimuste eest, et inimesed saaksid selle ümber koguneda.

Mujal aga püstitasid aktivistid koopia Berliini holokausti mälestusmärgist paremäärmusliku poliitiku Björn Höcke aeda, kes väidab, et selle memoriaali koht pole riigi pealinnas. Salaja püstitatud mälestusmärk on varjatud kõrvaliste pilkude eest kuni betooni kivistumiseni.

The Shelter Peavari

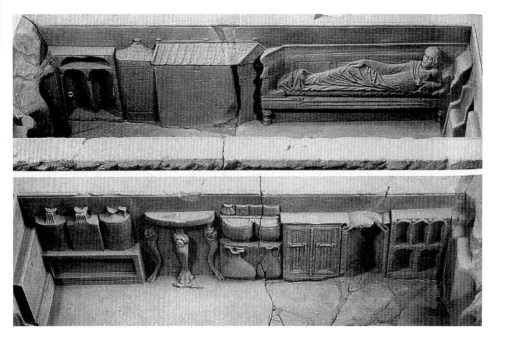

	A	B
Title Pealkiri	'Interior' of Simpelveld Sarcophagus Simpelveldi sarkofaagi "interjöör"	Artwork "City of the Living—City of the Dead" Kunstiteos "Elavate linn—surnute linn"
Location Asukoht	NL, Simpelveld	EE, Tallinn, Õismäe
Author Autor	–	Leonhard Lapin
Year Aasta	175–225	1978

Two burials

The sarcophagus of Simpeveld is an underground room with all comforts.

In his satirical proposal Leonhard Lapin buries the inhabitants of the modernist blocks in their cars instead. It 'utilises' the leftover green space around modernist blocks for burial grounds. The tomb stones can be used as play equipment.

Kaks matust

Simpleveldi sarkofaag on kõigi mugavustega maa-alune ruum.

Leonhard Lapini satiiriline projekt paneb ette modernistlike korterelamute elanike matmise nende autodes, võttes selleks surnuaiana kasutusele korterelamuid ümbritseva roheala. Hauakive saab kasutada mänguväljaku elementidena.

The Shelter · Peavari

	A	B
Title Pealkiri	**Saint Daniel the Stylite** Sambapühak Daniel	**Police removing protester's tent from the Parliament Square** Politsei eemaldamas protestija telki Londoni Parlamendi väljakult
Location Asukoht	Constantinople	GB, London
Author Autor	–	–
Year Aasta	11th century (miniature)	2009

S03

This is not how you move a tent

To inhabit a public space means to expose one's body to the eyes of the passers-by. The tent in London's Parliament Square is recognised as home even by those who remove it from the public gaze.

Daniel, the stylite, lived on top of a pillar for 33 years, until his death and sanctification.

Nii ei liigutata telki

Avaliku ruumi asustamine tähendab enda ja oma keha eksponeerimist möödujate võõrastele silmadele. Londoni Parliamendi väljakule püstitatud telki käsitlevad koduna ka need, kelle ülesanne on see avalikust ruumist teisaldada.

Stüliit Daniel elas 33 aastat samba otsas kuni oma surmani, mil temast sai pühak.

The Shelter — Peavari

	A	B
Title Pealkiri	**Etching "Mausolée d'Élabélus"**	**Tallinn-type house**
	Ofort "Élabéluse mausoleum"	Tallinna-tüüpi maja
Location Asukoht	**SY, Palmyra**	**EE, Tallinn**
Author Autor	**Jean Marie Delettre**	**Karl Treumann**
Year Aasta	**1799**	**1934**

S04

Protection of body

A fire-resistant core was prescribed for stairways of Tallinn timber houses, to protect the bodies of those who inhabited them. The distinct vertical form was reproduced on a city-wide scale.

A mausoleum protects and signifies a body that life has left. It too has floors and stairs and windows.

Keha kaitse

Tellistest või kivist tulekindla trepikoja levik Tallinnas oli ettekirjutise, mille eesmärgiks oli puitmajade elanike kaitse, tagajärg. Selgelt eristuvat vertikaalset vormi teostati ülelinnalises skaalas.

Mausoleum kaitseb ja eksponeerib keha, millest elu on lahkunud. Ka siin on korrused ja trepid ja aknad.

	A	B
Title Pealkiri	Artwork "House", a concrete cast of a terraced house Kunstiteos "Maja", ridaelamu betoonist valu	Workforce housing during early period of Estonian independence Tööliselamud Eesti Vabariigi alguskümnenditel
Location Asukoht	GB, London	EE, Tallinn
Author Autor	Rachel Whiteread	Roman Koolmar, Karl Tarvas
Year Aasta	1993–1994	1939–1941

Type and archetype

When a house is built to a type, it is in a way turned inside out. The pattern of its inhabitancy is exposed by comparison.

In the artwork of Rachel Whiteread, the cast of a terraced house stands in its empty street as a naked figure frozen with embarrassment. The artwork itself is recognised as a contentious intruder to the public space and spray-painted on.

Tüüp ja arhetüüp

Tüüpprojekti järgi ehitatud hoone on justkui pahupidi pööratud — selle elanike elamismustrid muutuvad läbi korduse teistega võrreldavaks.

Rachel Whitereadi kunstiteos — ridamaja jäljend, mis seisab tühjal tänavanurgal justkui piinlikkusest ja hirmust tardunud alasti figuur. Kunstiteost tajutakse väljakutsuva sissetungijana avalikku ruumi ning see on kaetud grafitiga.

The Shelter   Peavari

	A	B
Title Pealkiri	**Baltic Chain demonstrations** Balti keti meeleavaldus	**Project of a fence** Eesaia tara kavand
Location Asukoht	EE, LV, LT	EE
Author Autor	–	Karl Aarmann
Year Aasta	1989	1959

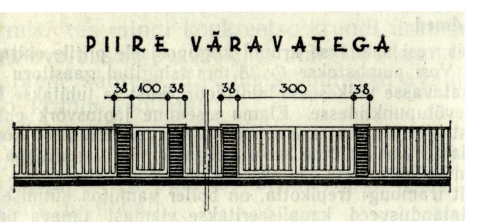

Between public and private

A fence has three sides. Its front is regulated, needing an approved design. Its back is private and its length is bound to its neighbours.
It does not only separate, it also connects.

The Baltic Chain was a physical connection between bodies showing solidarity across state borders. People of three nations were facing one direction but connecting in another.

Privaatse ja avaliku vahel

Taral on kolm külge — selle esikülg vajab kooskõlastatud projekti; selle tagakülg on privaatne ning selle pikkus on ühenduses naabritega. Seega tara mitte ainult ei eralda, vaid ka ühendab.

Balti kett oli piiriülest solidaarsust märkiv füüsiline inimkehade vaheline ühendus. Kolmest rahvusest inimesed seisid silmitsi ühe suunaga, olles samal ajal ühendatud teises suunas.

The Shelter · Peavari

	A	B
Title Pealkiri	Back of house of Euromaidan demonstrations Tagala Euromaidani demonstratsioonide ajal	Snapshot from documentary film "Anthill" Filmikaader dokumentaalfilmist "Sipelgapesa"
Location Asukoht	UA, Kiev	EE, Tallinn, Lasnamäe
Author Autor	–	Vladimir Loginov, Maksim Golomidov, Elina Litvinova
Year Aasta	2013	2015

Back of house

The infrastructure of the Maidan demonstrations in Kiev sustained the life of protesters behind the front lines in the midst of Eastern winter.

The garages behind modernist blocks in Tallinn, have been turned into extensions of everyday living spaces to accommodate their owners' interests and free time.

Majatagune

Kiievis toimunud Maidani meeleavalduste tugistruktuur toetas Ida-Euroopa talves meeleavaldajate elu eesliini taga.

Tallinna modernistlike kortermajade taga asuvad garaažid on kujunenud ruumideks, kuhu pikeneb igapäevaelu. Need on oma omanikele vaba aja veetmise ning hobidega tegelemise kohaks.

The Shelter   Peavari

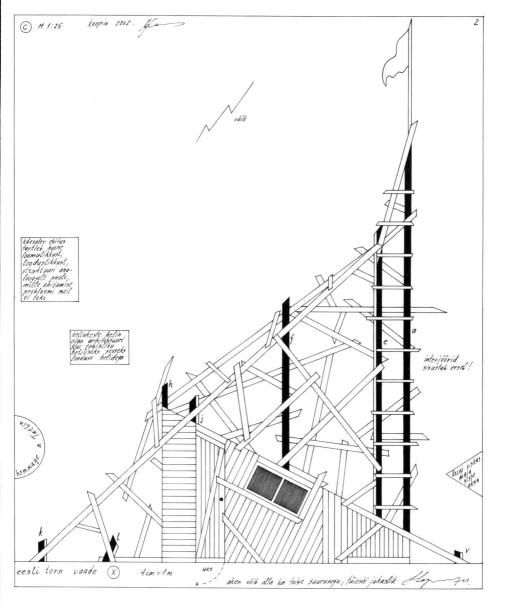

	A	Elevation annotations
Title Pealkiri	**Monument to Anti-International—Donkey Stable**	lightning
	Antiinternatsionaali monument—Eeslitall	the present construction applies the natural, structural analogy of a tree, the building of which is no problem to us
Location Asukoht	EE, Kütiorg	let the chime of the bells be the link between the artificial sounds and sounds of nature
Author Autor	Leonhard Lapin	*Hommage a Tatlin*
Year Aasta	1973	donkey to furnish the interior!
		someone threw a window into the house
		window can be of a different size, completely random